SINGEN

mit Herz und Mund

Dr. Meinrad Walter, geb. 1959, Musikwissenschaftler und Theologe,
Mitarbeiter im Amt für Kirchenmusik der Erzdiözese Freiburg;
Kirchenmusiker, Autor und Herausgeber zahlreicher Publikationen.
Im Schwabenverlag und Carus-Verlag erschien bereits das Lesebuch von
Meinrad Walter: *DIE ORGEL – Mein Lieblingsinstrument*
(Ostfildern und Stuttgart 2004).

SINGEN

mit Herz und Mund

Ein Lesebuch von Meinrad Walter

Schwabenverlag
Carus

Bibliographische Information Der Deutschen Bibliothek
Die Deutsche Bibliothek verzeichnet diese Publikation in der Deutschen
Nationalbibliographie; detaillierte bibliographische Daten sind
im Internet über http://dnb.ddb.deh abrufbar.

www.schwabenverlag.de
und
Carus-Verlag, Stuttgart
www.carus-verlag.com

Lektorat: Martin Schmeisser, March-Hugstetten
Gestaltung: Finken & Bumiller, Stuttgart
Umschlagbild: Bayerische Musikakademie Marktoberdorf
Herstellung: Ebner & Spiegel, Ulm
Printed in Germany

ISBN 3-7966-1171-0 Schwabenverlag
ISBN 3-89948-065-1 Carus-Verlag

Inhalt

II. Mehr als Worte sagt ein Lied

Von alten und neuen Psalmen

III. Singen im Chor

Szenen aus dem Alltag

V. Auf Flügeln des Gesanges

Singen in der Literatur

VI. Singen für die Katz

und weitere Seltsamkeiten

VII. Es sind noch Lieder zu singen

Zum Neuen Lied

Zur Einstimmung

»Singen soll die Stimme,
singen soll das Herz,
singen soll das Leben,
singen sollen die Taten.«
AUGUSTINUS

Ohne Gesang und Musik wären die meisten Religionen nur ein Schatten ihrer selbst. Und den Menschen fehlte eine umfassende Lebensäußerung, denn Singen ist nicht nur die einfachste und tiefste musikalische Betätigung, sondern zugleich ein Spiegel der gesamten Person. In erster Linie klingt der Körper beim Singen; aber auch Seele, Herz und Geist schwingen mit. Jeder, der im Chor singt, weiß zudem, wie wichtig das Hören beim Singen ist.

So paradox es klingen mag: Singen ist mehr als nur Singen. Es geht ja nicht nur um das Treffen der Töne. Auch sogenannte »Schlüsselkompetenzen« werden spielerisch singend eingeübt: auf sich und die anderen hören, agieren und reagieren, die eigene Stimme »halten« können, Aufmerksamkeit auf den Gesamtklang, und nicht zuletzt die Begegnung mit den Werken der musikalischen Weltliteratur, wozu auch Kirchenlieder, Volkslieder und Kinderlieder zählen. Dass es so etwas wie Stille tatsächlich gibt, dass da nicht ein Nichts ist, sondern eine von Klang erfüllte Pause – all das ist zu erleben beim spielerisch-musikalischen Miteinander des Singens.

Vielstimmig erzählt dieses Buch vom Singen. Episoden stehen neben Gedichten, Spiritualität und Humor ergänzen einander ebenso wie Alltägliches und Literarisches. Persönliche Erfahrungen weiten sich zur spirituellen Hoffnung des Singens, welche die jüdisch-christliche Tradition im Bild des universal-kosmischen Zusammenklangs kennt: Menschen- und Engelsstimmen vereinen sich zu einem großen Gesang.

Die Auswahl fiel nicht leicht, zumal das Spektrum der Einsichten äußerst weit gespannt ist: von der Lebensweisheit »Wer singt, betet doppelt« über Sentenzen wie »cantare amantis est – Singen ist Sache der Liebenden« (Augustinus) bis zum Statement eines heutigen Sängerknaben, der die Frage nach dem »Warum?« des Singens mit der Antwort quittierte: Singen heißt einen Stress haben, den man anfängt zu mögen.

Die Disposition mit sieben Abschnitten versucht eine Orientierung: vom Fundament des Singens bis zur biblischen Verheißung des Neuen Liedes. Nicht fehlen darf die Begegnung mit jenen großen Werken der geistlichen Musik, deren Klang viele Chorsängerinnen und -sänger immer neu motiviert und inspiriert. Grundmotive der Psalmen erklingen in literarischen Brechungen. Dissonanzen wiederum schärfen den Gesamtklang.

Wenn dieses Buch ein wenig zum Nachdenken über das Singen anregt, oder gar zum Singen selbst, dann hat es sein Ziel erreicht.

Für vielfältigen Rat und wertvolle Hinweise danke ich Dr. Michael Fischer, Martin Schmeisser, Dr. Christoph Schmider und Hans-Jürg Stefan.

Freiburg, 28. Juli 2004
MEINRAD WALTER

I.

Singen ist Herzenssache

Ein vielstimmiges Plädoyer

Ein kleines Lied! Wie geht's nur an,
Daß man so lieb es haben kann,
Was liegt darin? Erzähle!

Es liegt darin ein wenig Klang,
Ein wenig Wohllaut und Gesang,
Und eine ganze Seele.

Marie von Ebner-Eschenbach

Georg Philipp Telemann
Das musikalische Fundament

Singen ist das Fundament zur Music in allen Dingen.
Wer die Composition ergreift, muß in seinen Sätzen singen.
Wer auf Instrumenten spielt, muß des Singens kundig seyn.
Also präge man das Singen jungen Leuten fleißig ein.

Johann Friedrich Agricola
Mit dem Herzen singen

Was für ein großer Meister ist doch das Herz! Saget es selbst, geliebteste Sänger, und saget es aus schuldiger Dankbarkeit, daß ihr nicht die vornehmsten in eurer Wissenschaft geworden seyn würdet, wenn ihr nicht seine Schüler wäret. Saget, daß es, in wenig Lectionen, euch den schönsten Ausdruck, den feinsten Geschmack, die edelste Action und die sinnreicheste Kunst gelehret hat. Saget, (wenn es auch gleich nicht glaublich scheinen sollte,) daß es die Fehler der Natur verbessert, indem es die rauhe Stimme angenehmer, die mittelmäßige besser und die gute vollkommen machet. Saget, daß wenn das Herz selbst singet, ihr euch unmöglich verstellen könnet, und daß die Wahrheit niemals größere Überredungskraft besitzet, als zu der Zeit. Machet endlich bekannt, (weil ich selbst es nicht sagen kann,) daß von ihm allein ihr die gewisse nicht zu beschreibende Anmuth gelernet habt, welche sanft durch alle Adern schleicht und endlich den Sitz der Seele erreichet.

Eva Strittmatter
Gesang

für Peter Schreier

Wenn einer singt,
Soll er nicht nur mit seiner *Seele* singen.
(Dass er mit Stimme singt, versteht sich von allein.)
All seine Körperzellen müssen klingen.
Verschleudern muß er sich. Es muß so sein,
Als hätte er für *dieses* eine Lied gelebt.
Für *diesen* Augenblick, in dem er singt.
Er muß *der* sein, der sich vom Boden hebt
Aus eigner Kraft. Was nie gelingt
In Wirklichkeit, muß ihm gelingen.
(Wie man das macht, verrät kein Kunstgebot.)
Wenn einer singt, so muß er singen:
Gegen die Schwerkraft und den Tod.

Robert Schumann
Musikalische Haus- und Lebensregeln

Singe fleißig im Chor mit, namentlich Mittelstimmen. Dies macht dich m u s i k a l i s c h.

Von Sängern und Sängerinnen läßt sich manches lernen, doch glaube ihnen auch nicht alles.

Markus Eham

Melodie unseres Lebens

Die Welt ist übervoll von *sound,* aber immer weniger Menschen singen. Was Kirchenchöre machen, ist gegen den Trend. Sie sind wichtige Biotope des Gesangs, denn Singen ist gut für uns Menschen und unverzichtbar für den Glauben.

Singen ist gut: Denn wir üben dabei das Atmen; und im Atemrhythmus spielt sich der Grundvorgang des Lebens ein. Beim Abspannen des Zwerchfells fällt uns immer neu Atem ein, und zwar im Loslassen und Sich-Öffnen, nicht durch »Luft holen«; im langsam strömenden Abgeben bringt der Odem uns dann zum Klingen. Unbewusst spüren wir dabei, dass alles Leben Geschenk ist.

Singen tut gut: Denn es ist die Sprache des Herzens und öffnet die Seele. Singen löst und drückt Gefühle aus. Im Jubellied oder Klageschrei nehmen sie musikalische Form an, sie verwandeln sich. Aus meiner Freude ist etwas Größeres, aus meinem Schmerz etwas Schönes geworden. Singend kann ich ganz bei mir sein und zugleich über mich hinaus gehen. Wir spüren Lösung beim Singen, wir kosten den Geschmack von Erlösung.

Im Singen üben wir spielend Zusammen-Leben: Was wir beim Chorsingen intuitiv tun, ist einstimmen, sich abstimmen, aufeinander hören; ein Training sozialer Schlüsselqualifikationen. Spielerisch üben wir Haltungen, die zum Du und zum Wir aufschließen. Wir ringen miteinander um das gemeinsame Werk als ein alle verbindendes Ziel; das meint ja Konzertieren. Daraus entsteht ein Klangbild des Lebens, wie es so spielt in Dissonanz und Konsonanz, mit Spannungen, Konflikten und Lösungen. Und es zählt jede Stimme, weil sie eine unverwechselbare Klangfarbe in das Ganze einbringt.

Singen gibt Durchblicke: Denn beim Singen gehen wir spielend mit der Zeit um. Wir retardieren und accelerieren ihr Fließen; wir erleben sie im Verklingen als Vergangenheit, im Erklingen als Gegenwart und im Erwarten des folgenden Klanges als Zukunft. Und wenn wir mit jedem Schlussakkord auch die Endlichkeit berühren, wenn das Aufhören uns aufhorchen lässt, haben wir musikalisch jedes Ende als Vollendung verspürt.

Singen spielt in und mit der Zeit: Im spielerischen Darstellen der Zeit treten wir ein Stück aus ihr heraus, überschreiten sie, greifen aus auf Zukunft. Wir sind in der Musik ganz da und gleichzeitig ganz hin und weg – verzaubert von Anklängen des Unerhörten.

Singen ist gut: Zum Singen anstiften und anleiten, das muss bildungspolitisch als »Kulturtechnik« ernst genommen werden. Die Kirche und ihre Chöre sind wertvolle Biotope des Gesangs. Denn wir Christen haben einen dreifachen guten Grund zum Singen, der in uns selbst wohnt. Die Israeliten haben ihn nach erfahrener Rettung aus dem Sklavenhaus Ägypten bündig so formuliert: »Der Herr ist mein Lied.«

Das bedeutet in dreifacher Sinnrichtung: Ich singe *von ihm,* ich singe *zu ihm* und ich singe *durch ihn.* Sein Geist in mir stiftet mich begeisternd dazu an.

Das wünsche ich allen Chorsängerinnen und Chorsängern: Dass die Freude an Gott sie beflügelt, gut, beherzt und begeisternd zu singen von ihm, zu ihm und durch ihn, der die Melodie unseres Lebens ist.

Barthold Heinrich Brockes

Aria

Singe, Seele, Gott zum Preise,
Der auf solche weise Weise
Alle Welt so herrlich schmückt!
Der uns durchs Gehör erquickt,
Der uns durchs Gesicht entzückt,
Wenn Er Bäum' und Feld beblühmet,
Sey gepreiset, sey gerühmet!

Seele, laß ein helles Singen
Deinem Gott zum Ruhm', erklingen,
Wenn dir, was du willt, geschicht:
Und, wofern dir was gebricht,
Murmle sanft, doch murre nicht!
Tiefe Seufzer laß erschallen!
Diese sinds, die Gott gefallen.

Arvo Pärt

Lehre deine Seele singen

Der Gregorianische Gesang hat mir gezeigt, daß hinter der Kunst, zwei, drei Noten zu kombinieren, ein kosmisches Geheimnis verborgen liegt.

*

Man muß seine Seele bis zu einem solchen Grade läutern, daß sie singt.

*

Lehre deine Seele singen.
Jede Seinslage hat ihre Lieder.
Mag das Singen dich bei allem, was du tust, begleiten.
Habe dieses Singen lieb und hüte es.

Friedrich Rückert

Das Leben ein Gesang

Daß mein Leben ein Gesang,
Sag' ich's nur! geworden;
Jeder Sturm und jeder Drang
Dient ihm zu Akkorden.

Was mir nicht gesungen ist,
Ist mir nicht gelebet;
Was noch nicht bezwungen ist,
Sei noch angestrebet!

Von der Welt, die mich umringt,
Wüßt' ich unbezwingbar
Wen'ges nur; die Seele klingt,
Und die Welt ist singbar.

Rolf Schweizer

Menschenfreundliches Singen

Dass Musik heilende Wirkung hat, weiß bereits die Bibel in der Geschichte vom depressiven Saul und dem Harfe spielenden David zu berichten. Bachs Goldberg-Variationen entstanden zur »Recreation des Gemüts« eines von Schlaflosigkeit geplagten Menschen. Von der Köstlichkeit des Singens und Spielens wissen die Psalmen zu berichten. Singen, Tanzen und Musizieren vor Gott waren nach biblischer Sicht immer eine Reaktion des Menschen auf Gottes Handeln. Gleichzeitig wurde damit ein Grundvertrauen zu Gott und zur anbetenden Gemeinde vermittelt, das auch in den Klageliedern noch zu spüren ist; denn was hülfe es dem Menschen, wenn er vor einem tauben Gott seine Angst herausschriee? Gemeinsames Singen, Musizieren und Musikerleben, schafft eine menschliche Atmosphäre.

Die therapeutische Dimension der Kirchenmusik erkennen, heißt zugleich: den pädagogischen Ansatz unseres kirchenmusikalischen Wirkens stärker zu berücksichtigen; denn wir vermitteln nicht nur musikalische Fertigkeiten, sondern eine stärkere Sensibilisierung beim Musikhören und damit schlechthin beim Erleben von Musik. Bei dieser Gelegenheit wird mir immer klarer, dass ich auch als Dirigent oder Organist eine tiefe menschliche Beziehung zur Gemeinde und zum Publikum habe: Nicht meine Karriere als Künstler steht hierbei in erster Linie zur Debatte, sondern das Ringen darum, dass ich nicht an den Hörern vorbeimusiziere. Ebenso ergeht es mir auch in der Chorarbeit. Nur eine ganzheitliche Art des Singens und Musizierens, wo Musik und Bewegung oder musikalische Vorstellungen mit erlebtem Atem einher gehen, wird junge Menschen existenziell erfassen und faszinieren. Ein Singen, das den ganzen Menschen mit Leib, Seele und Geist erfasst und auch kreatürliche Äußerungen wie z. B. Bewegung und Tanz zulässt, beschert uns selbständigere und ausdrucksfähigere Choristen, die mit ihrem Sein hinter der Arbeit stehen, als jene Chorarbeit, in der die Chormitglieder nur als »Befehlsempfänger« fungieren.

Verantwortlicher Umgang mit Musik bedeutet also zunächst eine Selbstfindung der einzelnen Individuen in unseren Sing- und Musiziergruppen. Je stimmiger dies in körperlicher und seelischer Hinsicht in solchen Gruppen beim Singen und Musizieren zum Ausdruck kommt, desto stärker wird deren musikalische Wirkung auf die Hörerinnen und Hörer sein. Verantwortungsvoller Umgang mit Musik in unseren Gottesdiensten und kirchenmusikalischen Veranstaltungen bleibt jedoch immer ein Abwägen: zwischen der Sehnsucht nach dem Ritual, d. h. der Begegnung mit dem Bekannten und Gewohnten, und der Notwendigkeit des inneren und äußeren Aufbruchs zu neuen Erkenntnissen des Geistes und der Seele.

Hanns Dieter Hüsch

In Gottes Hand

Im übrigen meine ich
Daß Gott der Herr
Jedem die Gabe gebe
Zu erzählen von den Dingen des
Lebens
Von den Verhältnissen unter den vielen

Menschen
Von den Geschichten in den
Verschiedenen Welten
Daß er allen die Gabe gebe
Aufzuschreiben die vielfältigen
Zustände
Die vielfachen Menschen
An Leib und Seele
Die unendlichen Versuche des
Menschen
Zu fliegen
Der Welt vielleicht zu entgehen
Sich zu erheben
Nur seine Gottes Hand zu berühren
Zu schweben zwischen Rätsel und
Lösung
Zwischen Lösung und Erlösung
Wir fühlen uns manchmal allein
Gelassen
Und möchten doch auch in den Himmel
Kommen
In den Himmel wachsen und gedeihen
Und blühen
Ein Wiedersehen feiern
Damit unser Zweifel nicht gar
Verzweiflung werde
Unsere kritische Ungeduld
Nicht fahrlässige Unduldsamkeit
Sondern Mut auch Demut und Sanftmut
Und weniger Hochmut heiße

Vorsicht und Nachsicht
Tapferkeit auch Versöhnung und Trost
Darum meine ich
Möge Gott unser Herr jedem die Gabe
Geben zu singen vom Wachsen und
Werden
Daß wir uns austauschen können
Daß wir ein großes Lied sind
In tausend Farben
Und tausend Worten
Aus allen Menschen-Geschichten
Aus allen Gefühlen Gedanken
Wünschen und Träumen
Ein großes Lied
So groß daß es im Himmel zu hören ist
Gar nicht mal so laut
Aber so groß, dass man im Himmel
Zurücksingt
Wie ein Echo
Kommt es von oben zurück
Geht es hinauf und kommt zurück
Und wächst ineinander
Nachricht auf Nachricht
Botschaft auf Botschaft
Trauer und Freude Argwohn und
Hoffnung
Weltlicher Schmerz und Heiliger Geist
Und die Erde wächst höher
Und der Himmel wächst tiefer
Und Mensch und Tier

Und Frucht und Pflanze
Wald und Strauch Wiese und Wasser
Werden eins in Gottes Hand
Und Geist in seinem Namen:
Möge Gott unser Herr
Jedem die Gabe geben
Zu glauben zu hoffen und zu lieben!

Martin Rössler

Lieder sind die Quersumme des Glaubens

Unser Singen: Glanz und Glut der Christusfeste, ja des ganzen Kirchenjahres. Könnten wir uns vorstellen, Weihnachten tonlos zu verleben? Es ist undenkbar, hier stumm und taub zu bleiben. In dieser Hinsicht findet das christliche Lied noch am ehesten Resonanz in unserem Volk; und wir sollten alle Fantasie dafür einsetzen, daß diese Rudimente gestärkt und durch viele weitere Beispiele vermehrt werden. Dank für unseren Liederschatz.

»Laßt das Wort Christi reichlich unter euch wohnen;
lehrt und ermahnt einander in aller Weisheit;
mit Psalmen, Lobgesängen und geistlichen Liedern
singt Gott dankbar in euren Herzen.« (Kolosser 3,16)

Ein Wortpaar des Apostels Paulus macht mir noch zu schaffen: *lehrt und ermahnt einander* ... beide Worte kommen uns nicht sonderlich gelegen. *Lehrt ... :* von Anfang an gehören in der Christenheit Lob und Lehre, Doxologie und Dogmatik, Singen und Bekennen zusammen als die beiden Seiten der einen Sache. Unsere Lieder geben sich keineswegs als leichtflüssige Lyrik, nur so dahingesagt; auch nicht als gefühlige Emotion, nur so vage empfunden; sie bieten einen klaren Kern und fordern uns eine gewisse Verbindlichkeit ab. Können wir es annehmen? Viele Lieder kommen uns so hochtheologisch, so schwerbefrachtet vor; manchmal mag ja die Grenze überschritten sein, aber es wäre falsch, dies mit Altertümelei oder Unverständlichkeit abzutun. Loben ist nie ohne Lehren.

In unserem Liedgut präsentiert sich die Quersumme des Glaubens, eine tiefe Lebensweisheit. Wir müssen es recht verstehen. Es wird nicht einfach die Dogmatik eines Luther oder Schleiermacher oder Karl Barth in Verse gegossen; nein, Grund- und Obertöne klingen an, mehr für das Herz als für den Kopf. Diese Lehre, wenn man sie so bezeichnen will, ist biographisch erlebt, ja erlitten, gefiltert und verwandelt, in den Wegen und Irrwegen des Lebens erprobt und bewährt. Und einer Person, die ihre Glaubenserfahrungen bezeugt, nehmen wir das Bekenntnis bereitwilliger ab als einem noch so gescheiten Lehrbuch. Zudem sind die pädagogischen Vorteile nicht zu übersehen: was in Versen und Reimen, in eingängigen Melodien und Rhythmen vorgelegt wird, lernen wir leichter und behalten wir länger; wir können es jederzeit, bei der Arbeit oder in der Freizeit, gleichsam nebenher wieder aktivieren.

Ich schließe daraus: wir müßten im Religions- und Konfirmandenunterricht, bei Gruppenabenden und Hauskreisen diesen Liederschatz viel intensiver ausschöpfen. Und weiter denke ich: wir sollten wirklich einige zentrale Strophen neu lernen oder im Gedächtnis auffrischen. Es könnten Augenblicke kommen, in den wir unsere Lieder als Goldene Worte zu Hilfe und Halt dringend benötigen. Ein Lied prägt sich ein und prägt diejenigen, die es singen. Dank unserem Liederschatz.

Arnim Juhre
Singen um gehört zu werden

Singen um gehört zu werden
Atem der die Laute schlägt
einer Stimmung Stimme geben
Singwort das viel weiterträgt

Ruf und Schrei – Gefahr und Ferne
unvertrautes Übermaß
Singen um nicht zu verstummen
Klage die am Klang genaß

Einem Lied Gehör verschaffen
Glaube, Liebe, Hoffnung, Leid
Singen um erkannt zu werden
Sage und Begebenheit

Singend auf bewegter Erde
Haus und Hof und Dorf und Stadt
Soll und Haben in der Schwebe
lebenshungrig – lebenssatt

Leise einen Namen nennen
Unbewußtes treibt an Land
Singen um die Angst zu bannen
Lied das seinen Anfang fand.

Hermann Claudius
Gott war der erste Sänger

Gott war der erste Sänger,
Singend schuf er die Welt.
Glaubt mir, daß Er sie singend
heut noch in Händen hält.

Christine Busta
Vom Gesang

Als man sie in den Ofen warf,
sangen die Jünglinge im Feuer,
überliefert die Bibel.

Pablo Neruda berichtet:
Als man Nazim Hikmet, den Dichter,
in die Jauchengrube stieß,
begann er aus dem Unrat zu singen.

Die Schergen sind immer schlecht beraten,
manchmal auch die Verfolgten.
Doch der Gesang behält recht.

Für Ignaz Zangerle

Huub Oosterhuis
Ein kleines Lied

Ein kleines Lied (Motto, Losungswort, Erkennungsmelodie) aus dem Kreis der ersten Jünger des Jesus von Nazaret. Zusammengeballter Glaube. Ein Aufruf und ein Versprechen:

> Wach auf, Schlafmütze,
> es wird Aufstehn aus dem Tod geblasen –
> ein neuer Mensch muß wie ein Licht
> aufgehn in dir.

Ein Spruch, um daraus zu schöpfen, ein Traum, um ihn nach innen zu singen. Solange wir singen, wissen wir.

Ich glaube an gläubige Lieder, die sagen, was nur gesungen werden kann, die wissen, was nicht zu wissen ist, wehrlos wie nur ein Lied ist.

Singen; schwankendes Gleichgewicht aus Worten und Wortlosigkeit, aus Sprechen und Schweigen.

Freiplätze stiften, wo diese Kunst eingeübt, weitergegeben, bewahrt wird. Schulen für Zurückgezogenheit.

II.

Mehr als Worte sagt ein Lied

Von alten und neuen Psalmen

intonation

singet dem herrn
der nie eine uniform trägt
der nie eine waffe ergreift
der tote zum leben erweckt

singet dem herrn
der nie einem fahnentuch traut
der nie an parolen sich hängt
der feinde als brüder entlarvt

Kurt Marti

Martin Buber

Der Kantor des Baalschemtow

Einer der Schüler fragte einst den Baalschem: »Was soll mein Geschäft in der Welt sein?« »Kantor«, sagte er. »Aber«, wandte jener ein, »ich kann doch nicht singen!« »Ich will dich«, antwortete der Zaddik, »an die Welt der Musik binden.« Aus diesem Mann ist ein Sänger ohnegleichen geworden, und man nannte ihn weit und breit den Kantor des Baalschemtow.

Erich Zenger

Im Klangraum der Psalmen

Ich liebe die Psalmen nicht nur als Bibelwissenschaftler. Hätte ich nicht Theologie studiert, dann vielleicht Musikwissenschaft und Gesang. Immerhin habe ich von meinem 10. bis 19. Lebensjahr täglich zwei bis vier Stunden im Chor oder solistisch gesungen. Und zwar, wie das damals in Internaten und Schulen üblich war, zunächst Sopran, dann in der Zeit des Stimmbruchs Alt und Bass, und schließlich Tenor. Danach war ich im Germanikum zu Rom mehrere Jahre Choralmagister. Dabei habe ich sogar mehrfach in St. Peter die Konzilsväter des Zweiten Vatikanischen Konzils zum Choral-Singen motiviert und dirigiert.

Wer als Kirchenmusiker im Klangraum der Psalmen Davids musiziert und komponiert, steht in einer einzigartigen Musiktradition und darf auf eine seinem Musizieren eingestiftete heilende und weltverwandelnde Kraft hoffen.

Der Psalter ist ja kein bloßes Liederarchiv, sondern eine kunstvolle Gesamtkomposition, deren strukturelles Leitmotiv »Von der Klage zum Lob« ist. So kann man den Gesamtpsalter als Partitur des Lebens in der Spannung von Leid und Freude, von Tod und Leben, von Klage und Lob lesen und inszenieren. Freilich: Das Schlusswort ist die Freude. Die Psalmenmusik drängt zum Hymnus und zur lobpreisenden Festmusik.

Das ist die psalmentheologische Antwort auf die unausweichliche und schmerzliche Frage: Wie kann man Hymnen singen in dieser katastrophischen Welt? Diese Frage stellt auch der Psalter. Geradezu klassisch kommt sie in Psalm 137 zur Sprache. Die nach Babel Verschleppten haben ihre Musikinstrumente in die Pappeln am Eufrat gehängt und ihre Kehle ist vor Leid stumm geworden. Gleichwohl wissen sie, dass sie in dieser Situation Lieder der Hoffnung brauchen. Gerade auf dem Boden der Fremde stiftet die Musik Heimat und Gemeinschaft – als Nein zu den Göttern und als Ja zum lebendigmachenden Gott.

Kirchenmusik im Klangraum des biblischen Psalters kann in der Tat für die Erfahrung der Gegenwart Gottes in dieser Welt »einstimmen«. Mehr noch: Der Schlusspsalm 150 des Psalters entwirft die Vision, dass Psalmen singende Chöre zu Stimmführern des kosmischen Lobpreises werden, in dem der ganze Kosmos dankbar Ja sagt zu dem Leben, das die Lebewesen durch die Teilhabe ihres Atems am Lebensatem Gottes haben. »Gotteslieder« sind die Rückgabe (»Opfergabe«) dieses geschenkten Lebens an den guten Gott des Lebens. Dazu fordert Psalm 150,6 auf: »Alles, was Odem hat, lobpreise Jah(we)!«

Wunibald Müller
Meine Hoffnung und meine Freude

Gerade schenke ich dem Zwitschern eines Vogels meine besondere Aufmerksamkeit. Er wird immer wieder unterbrochen durch das penetrant wirkende Blöken der Schafe. Das helle Zwitschern des Vogels macht mich froh und lässt mich schmunzeln. Ich denke an den Trappisten und Mystiker Thomas Merton, der oft den Tag damit begann, hinaus in die Natur zu gehen oder sich vor seine Eremitage hinzusetzen und der Natur zu lauschen. Von den Vögeln sagt er, dass sie Gottes Lob singen. So stimmt meine Seele ein in ihr Lob. Ich lasse mich von ihnen anstacheln, meine Seele zu dir, meinem Gott, zu erheben. *Magnificat anima mea Dominum.*

Nach dem Mittagsgebet ergreift mich zutiefst das Lied: *Meine Hoffnung und meine Freude, meine Stärke, mein Licht, Christus, meine Zuversicht, auf dich vertrau' ich und fürcht' mich nicht, auf dich vertrau' ich und fürcht' mich nicht.* Wenn ich mich von der Melodie dieses Liedes davontragen lasse, führt sie mich immer tiefer, bis hinein in die innersten Kammern meiner Seele. Das ständige Wiederholen hilft dabei. Es ist wie beim Psalmengebet, wenn ich die Psalmen immer und immer wieder spreche und statt darüber nachzudenken, mich von ihnen dahin führen lasse, wohin sie mich geleiten möchten. Das aber sind die Orte meiner Sehnsucht, meiner Freude, meiner Trauer, meiner Angst und meiner Zuversicht.

Jetzt fällt weg, bröselt ab, was mich daran hindert, dem Verlangen meiner Seele nachzugehen, *ihr* endlich freien Lauf zu lassen. *Auf dich vertrau' ich und fürcht' mich nicht* – immer wieder lebt die Melodie in mir auf.

Rainer Maria Rilke
Psalmen lesen

Ich habe die Nacht einsam hingebracht ... und habe schließlich ... die Psalmen gelesen, eines der wenigen Bücher, in dem man sich restlos unterbringt, mag man noch so zerstreut und ungeordnet und angefochten sein.

am 4. Januar 1915 an seinen Verleger

Pierre Stutz
Mit Schlagzeug und Gitarre

Wie oft hast Du mich schon
zum Leben bestärkt

Unzählige Male lassen mich
Dich loben

Im Aufgehen in der Musik
erahnen
wie ich einst
ganz in Dir leben werde

Alle sollen Dich loben
im Tanz mit Pauke und Harfe
Schlagzeug und Gitarre
Klarinette und Geige

Nach Psalm 149, 3

Ernesto Cardenal

Psalm 150

Lobt den Herrn des Kosmos,
das Weltall ist sein Heiligtum
mit einem Radius von hunderttausend Millionen
Lichtjahren.
Lobt ihn
den Herrn der Sterne
und der interstellaren Räume,
Lobt ihn
den Herrn der Milchstraßen
und der Räume zwischen den Milchstraßen,
Lobt ihn
den Herrn der Atome
und der Vakuen zwischen den Atomen,
Lobt ihn
mit Geigen, mit Flöten
und Saxophon,
Lobt ihn
mit Klarinetten und Englisch Horn,
mit Waldhörnern und Posaunen,
mit Flügelhörnern und Trompeten,
Lobt ihn
mit Bratschen und Violoncelli,
mit Klavieren und Pianolen,
Lobt ihn
mit Blues und Jazz
und Sinfonieorchestern,
mit den Spirituals der Schwarzen

und der Fünften von Beethoven,
mit Gitarren und Xylophonen,
Lobt ihn
mit Plattenspielern und Tonbändern,
Alles was atmet,
lobe den Herrn,
jede lebendige Zelle,
Halleluja!

Mahalia Jackson
Klatscht in die Hände!

Je mehr das Gospel-Singen in Chicago und landauf, landab Fuß faßte, desto mehr hatten die farbigen Geistlichen dagegen einzuwenden. Es ließ sie kalt. Sie mochten das Händeklatschen und Stampfen nicht, und sie sagten, wir brächten Jazz in die Kirche, und das sei nicht würdevoll. Einmal stand ein Prediger im Gottesdienst auf und kritisierte mich von der Kanzel herab. Sofort war auch ich auf den Beinen. Ich sagte ihm, ich sei dazu geboren, Gospel-Musik zu singen. Niemand habe mir das beibringen müssen. Und ich diente Gott damit. Ich sagte, mein ganzes Leben hätte ich jeden Tag die Bibel gelesen, und da sei ein Psalm, in dem es heißt: »Ihr Völker alle, klatscht in die Hände, jauchzt Gott zu mit jubelndem Schall!« Wenn das nicht würdevoll sei, so sei es doch das, wozu die Bibel mich aufforderte.

Wie kann man gemessen von der »wundervollen Gnade« Gottes singen? Wie kann man inbrünstig von Himmel und Erde und all den Wundern Gottes singen, ohne die Hände zu gebrauchen?

Ich will mit meine Händen ... meinen Füßen ... meinem ganzen Körper all das ausdrücken, was in mir ist. Ich sage: »Laß nicht zu, daß der Teufel dem Herrn den Beat stiehlt! Der Herr will nicht, daß wir uns totstellen. Wenn dir danach zumute ist, klopf ein bißchen mit den Füßen – tanze zur Ehre des Herrn!«

Kurt Marti
psalm

schlag in die silbensaiten
schöner dichter
schlag in die saiten: spiel!
daß der versteinte könig lächeln muß
mit seinen traurigen propheten
die tag und nacht
und ganz umsonst
auf gottes worte warten

schlag in die saiten
spiel und sing
den rippenstrand die ginsterbuchten
das junge unbekannte meer
aus dem die weltorkane steigen
die jüngste nacht der jüngste tag
wenn gottes wort wie springflut kommt

schlag in die silbensaiten
schöner dichter

Jürgen Rennert
Seltsames Singen

Nie besser als
Mit dem Messer an der Kehle,
Nie freier als
Mit gefesselten Händen und Füßen,
Nie klarer als
An den Wassern der Trübsal,
Nie jünger als
Im Steinalt der Klage,
Nie menschlicher als
Unter Gottes drohendem Kehrbild.

Seltsames Singen,
Unser Geheimnis
Im Geheimnis des Psalters.

Dorothee Sölle
Tanzen und Springen

Eine französische Marienlegende erzählt von einem Gaukler, der sein unstetes Leben aufgibt und ins Kloster geht. Aber das Leben der Mönche bleibt ihm fremd, er weiß weder ein Gebet zu sprechen noch zu singen. Er klagt sein Leid der Jungfrau Maria, und sie fordert ihn auf, Gott mit dem zu dienen, was er könne: Tanzen und Springen! Von da an verpaßt er alle Chorgebete, um in dieser Zeit zu tanzen. Er wird zum Abt gerufen und glaubt, verwiesen zu werden, aber der Abt sagt nur: »In deinem Tanz hast du Gott mit Leib und Seele geehrt. Uns aber möge er alle wohlfeilen Worte verzeihen, die über die Lippen kommen, ohne daß unser Herz sie sendet.«

Ignaz Heinrich von Wessenberg

Das Lob Gottes

Franciscus einst, der heil'ge, saß
Vor seiner Zell', und Psalmen las.
Der Abend durch die Blätter glüht,
Als durch der Dämmrung Stille
Mit hellem Flügelschlag ihr Lied
Jetzt tönen läßt die Grille.

Gott preis't das Grillchen für den Thau,
Der es erquickt auf schöner Au.
Der Heil'ge schlägt den Psalter zu;
Denn schöner, wollt's ihm scheinen,
Ruf' ihm das fromme Grillchen zu:
»Wie groß ist Gott im Kleinen!«

III.

Singen im Chor

Szenen aus dem Alltag

Auch mit gedämpften, schwachen Stimmen
Wird Gottes Majestät verehrt.
Denn schallet nur der Geist darbei,
So ist ihm solches ein Geschrei,
Das er im Himmel selber hört.

Picander

Fernand Maillet
Singen mit Kindern

Ein Kind, das singt, ist wie das sprudelnde Wasser einer Quelle oder wie eine aufblühende Blume beim Sonnenaufgang eines schönen Frühlingsmorgens. Es singt, weil die Freude in ihm wohnt, eine unaussprechliche Freude voller Lachen und voller Gesang.

Johann Mattheson
Sänger und Cantoren

Sängerinnen, Sänger und Spielleute, davon Sirach sagt, man soll sie nicht irren« (Jesus Sirach 39,15), sind geschickte, geübte, ruhmwürdige *Musikanten,* die das Vorgeschriebene so gleich, mit guter Manier, absingen, vom Papier wegspielen, auch dermaßen nachdrücklich mit Mund und Hand vortragen, dass es in die Gemüther der Zuhörer Eingang finde, und die gewünschte Wirkung thue: GOTT zur Verherrlichung; dem Nächsten aber zur ergötzlichen Beßerung am Hertzen, Willen und Verstande.

Ein Cantor hergegen ist ein musikgelehrter Kirchen= und Schulbedienter, der die Jugend, ordentlich=bestellter Weise, in guten Anfangs=Gründen, absonderlich aber in der Singekunst unterrichtet, der Composition wohl erfahren seyn, die Kirchenmusik bestens besorgen und derselben vorstehen muß: zum Lobe des Höchsten, zur Erbauung der Gemeine, und rühmlicher Erziehung der Schüler.

Regine Hildebrandt
Leben mit Bachs Chormusik

Die für mein Leben wesentlichste Begegnung mit Bach war die mit seiner Chormusik. Als Mitglieder der Berliner Domkantorei seit 40 Jahren haben wir Jahrzehnte mit den Bachschen Chorwerken gelebt. Und nicht nur wir Sängerinnen und Sänger, sondern offenbar auch die weitgehend atheistischen DDR-Bürger: Das Weihnachtsoratorium wurde zu Weihnachten von einer Vielzahl Ostberliner Chöre aufgeführt, und trotzdem waren jedes Jahr drei Aufführungen der Berliner Domkantorei (Teile 1-3) brechend voll – und sind es noch heute!

Dieses Singen Bachscher Oratorien, Messen, Passionen in unserer Chorgemeinschaft gehört für mich zu den wichtigen Teilen meines Lebens. Zeichen für die Wertschätzung Bachscher Chormusik ist auch, daß wir Mitglieder der Domkantorei das Jahr 2000 am 1. Januar im Berliner Dom mit der Aufführung der Bachschen h-Moll-Messe begrüßt haben.

Die letzte »erste« Begegnung mit Bach hatte ich erst im vergangenen Jahr durch meine älteste Tochter, die einen Kalender mit dem Bachschen Stammbaum geschenkt bekam und sich maßlos empörte: Nur Männer waren aufgeführt! Selbst ein geistig behinderter Sohn, aber keine hochintelligente Tochter! Wir singen gerade die Choralmotette »Befiehl du deine Wege« von Altnikol, einem Schwiegersohn Bachs, wie gemeldet wird, also muß er ja auch Töchter gehabt haben. Natürlich ärgere ich mich über derartige Stammbäume auch immer wieder. Aber wir haben inzwischen einige Publikationen über die Frauen der Bachfamilie kennengelernt, die auch deren Leistungen angemessen würdigen, so daß ihnen wenigstens heute Gerechtigkeit widerfährt.

Matthias Claudius
Von alten Kirchenliedern

Eine Korrespondenz
zwischen mir und meinem Vetter

Hochgelahrter, Hochzuverehrender Herr Vetter,
Es wird dem Herrn Vetter bekannt sein, daß in den neuen Zeiten die alten Kirchenlieder verändert werden. Nun bin ich überzeugt, daß die Obrigkeit für die Untertanen nicht leicht besser sorgen und ihnen nicht leicht etwas Bessers geben kann, als ein gutes Gesangbuch. Denn über kräftige Kirchenlieder geht nichts; es ist 'n Segen darin, und sie sind in Wahrheit Flügel, darauf man sich in die Höhe heben und eine Zeitlang über dem Jammertal schweben kann. Auch mögen wohl viele Lieder nicht so sein, als sie sein sollten usw., das ist alles wahr. Aber ich weiß nicht, ob's an dem Verbessern oder an den Verbesserern liegt; genug, ich kann mir nicht helfen, daß es mich um einige alte Lieder nicht dauern und leid sein sollte. Das Kleid macht, dünkt mich, den Mann nicht; und wenn der Mann gut ist, so ist alles gut. Ob da ein Knopf unrecht sitzt, oder eine Naht schief genäht ist, darauf kommt am Ende wenig an; und wer sieht darnach? Man ist einmal daran gewöhnt, und oft steckt's grade darin und muß so sein.

So ein: »*Befiehl du deine Wege*« zum Exempel, das man in der Jugend, in Fällen, wo es nicht so war, wie's sein sollte, oft und andächtig mit der Mutter gesungen hat, ist wie ein alter Freund im Hause, dem man vertraut, und bei dem man in ähnlichen Fällen Rat und Trost sucht. Wenn man den nun anders montiert und im modernen Rock wiedersieht, so traut man ihm nicht, und man ist nicht sicher: ob der alte Freund noch darin ist – und ich sehne mich denn immer nach dem falschen Knopf und der schiefen Naht.

Und da pfleg' ich wohl bisweilen in der Kirche, wenn die Gemeine nach der Verordnung singt, stillzuschweigen, und im Herzen die alte Weise zu halten; und da wollte ich nun gerne von dem Herrn Vetter wissen und vernehmen: »ob das auch gegen den Respekt ist, den ich der Obrigkeit schuldig bin, und ob ich das mit gutem Gewissen tun kann; samt, wenn ich ganz allein und für mich bin: ob ich denn nur rein heraussingen darf?«

Ich hasse allen Ungehorsam von Herzen, soviel Aufhebens auch von einigen davon gemacht wird. Der ich die Ehre habe, mit besonderm Estim zu verharren,
Hochgelahrter, Hochzuehrender Vetter
Dero ergebenster Diener Asmus.

*

Antwort
Die öffentliche Ordnung müßt Ihr nicht stören, Vetter; im Herzen könnt Ihr singen, wie Ihr wollt. Denn übers Herz hat die Obrigkeit nichts zu befehlen. Und die Grad-Nähter noch weniger. Sein Diener usw.

Lothar Zenetti
Lieder für die Insel

Welche Lieder würde ich auf die einsame Insel mitnehmen? Zehn Lieder wüsste ich schon zu nennen, seltsamerweise sind es recht alte: »Mitten in dem Leben« wäre wohl dabei, »O Haupt voll Blut und Wunden«, »Wer nur den lieben Gott läßt walten«, »Nun danket all und bringet Ehr«, vielleicht noch einige andere. Da es aber wirklich nur ein einziges sein soll, entscheide ich mich für »Christ ist erstanden«.

Ich wüsste kein Lied unter den deutschen in unserem Gesangbuch, das mit so einfachen Worten so Gewaltiges aussagt. Und von dem ich meine, dass es auch morgen Bestand haben wird. Ich würde es als Robinson auf der besagten einsamen Insel anstimmen, freilich lieber noch Schulter an Schulter mit Menschen, die es mit glänzenden Augen und aus voller Kehle und ganzem Herzen singen, eben in einer Gemeinde.

Martin Luther
Vorrede auf alle guten Gesangbücher

Frau Musica
Von allen Freuden auf Erden
Kann niemand keine feiner werden,
Denn die ich geb mit meim Singen
Und mit manchem süßen Klingen.
Hier kann nicht sein ein böser Mut,
Wo da singen Gesellen gut.
Hier bleibt kein Zorn, Zank, Haß, noch Neid,
Weichen muß all Herzeleid.
Geiz, Sorg und was sonst hart anleit
Fährt hin mit aller Traurigkeit.
Auch ist ein jeder des wohl frei,
Daß solche Freud kein Sünde sei,

Sondern auch Gott viel mehr gefällt
    Denn alle Freud der ganzen Welt.
Dem Teufel sie sein Werk zerstört
    Und verhindert viel böser Mörd.
Das zeugt Davids, des Königs, Tat,
    Der dem Saul oft gewehret hat
Mit gutem süßem Harfenspiel,
    Das er nicht in großen Mord fiel.
Zum göttlichen Wort und Wahrheit
    Macht sie das Herz still und bereit.
Solchs hat Elisäus bekannt,
    Da er den Geist durchs Harfen fand.
Die beste Zeit im Jahr ist mein,
    Da singen alle Vögelein,
Himmel und Erden ist der voll,
    Viel gut Gesang da lautet wohl.
Voran die liebe Nachtigall
    Macht alles fröhlich überall
Mit ihrem lieblichen Gesang,
    Des muß sie haben immer Dank.
Viel mehr der liebe HERRE Gott,
    Der sie also geschaffen hat,
Zu sein die rechte Sängerin,
    Der Musicen ein Meisterin.
Dem singt und springt sie Tag und Nacht
    Seines Lobs sie nichts müde macht,
Den ehrt und lobt auch mein Gesang
    Und sagt ihm einen ewigen Dank.

Georg Christoph Biller

Der Leipziger Thomanerchor heute

Es ist Sonnabendnachmittag, 15 Uhr: In der Leipziger Thomaskirche haben sich mehrere hundert Menschen versammelt, um den A-cappella-Gesängen des Thomanerchores und der für den folgenden Sonntag bestimmten Bachkantate zu lauschen. Für viele Leipziger, ob bekennende Christen oder Nichtchristen, ist das eine Art Ritual geworden – für zahlreiche Touristen aus dem In- und Ausland ist es die lebendige Begegnung mit Bachs großer Wirkungsstätte. Dabei ist das Wissen um den historischen Ort für jeden Besucher sicherlich genauso bedeutsam wie das Bewusstsein, hier einer Kontinuität zu begegnen, die im scharfen Gegensatz zu der für unsere Zeit charakteristischen Kurzlebigkeit steht. Es ist nur aus der Substanz dieser Tradition heraus zu erklären, dass über bald acht Jahrhunderte, in denen sich die Welt grundlegend verändert hat, die Aufgabenstellung dieselbe geblieben ist: das Singen zur Ehre Gottes.

Selbst in der Zeit des Dreißigjährigen Krieges gab es keine Unterbrechung im Wirken der Thomaner. Allerdings mögen es in manchen Zeiten nur wenige Choristen gewesen sein, die die Pestopfer auf dem letzten Gang begleiteten, so daß Heinrich Schützens Widmung der »Geistlichen Chormusik« 1648 als Mahnung zu verstehen ist, dieses Juwel zu erhalten.

Das Arbeits- und Lebensmotto der Thomaner änderte sich auch nicht im Zuge der Aufklärung, als andernorts die Kirchenmusik verkam. Die Thomaner geleiteten die Leipziger weiter durch das Kirchenjahr, wie auch in Freud und Leid ihres Lebenslaufes. Dieses Wirken, das den Lobpreis Gottes gleichermaßen im Gottesdienst wie auch im Alltag anstimmt, ist uns heute leider fremd geworden. Johann Sebastian Bachs unvergängliche Werke künden in exemplarischer Weise von dieser Verbindung zwischen Frömmigkeit und irdischer Vitalität.

Gegenwärtig ist eher der kurzsichtige Fortschrittsglaube in der Gesellschaft ein Problem für dieses altehrwürdig jugendliche Institut als die gewonnene Freizügigkeit. Das geistig-musische Umfeld in Familie, Kindergarten, Schule und letztlich auch in der Kirche, die bisherige Basis für die Nachwuchsgewinnung des Thomanerchores, ist nur noch in Bruchstücken vorhanden. Noch nicht abzusehen sind die Auswirkungen, die die flächendeckend radikalen Streichungen von Kirchenmusikerstellen innerhalb der evangelischen Landeskirchen nach sich ziehen werden.

Die Strukturveränderungen, mit denen wir auf die Gegebenheiten unserer Zeit reagieren, ändern wiederum nichts an dem zentralen Anliegen – dem Singen zur Ehre Gottes. Nicht einmal die perspektivlos erscheinende Abwicklungsstrategie der Kirche, mit der auf die katastrophale Finanzlage reagiert wird, macht uns unsicher.

Vielmehr scheint das Wirken der Thomaner gegenwärtig immer noch mehr vom Wesen der Kirche zu verkörpern, als es manche Kirchenleitung angesichts der bevorstehenden Sparmaßnahmen vermag. Somit wird das anachronistisch wirkende Arbeitsmotto des Chores auch im 21. Jahrhundert aktuell sein, wenn die Kirche als Institut sich auf das Wesentliche beschränken muß.

Die Menschen werden andererseits viel mehr nach religiösen Oasen ohne organisierte Zugehörigkeit suchen. Für die Bewältigung dieser neuen und alten Aufgabenstellung wird uns die Tradition wie in der Vergangenheit Hilfe sein, das Richtige zu tun.

Sie soll uns jedoch nicht daran hindern, neue Wege zu beschreiten, wenn sie sich als gangbar erweisen.

Das auch von unserem »Schutzpatron« Johann Sebastian Bach mehrfach vertonte »Singet dem Herrn ein *neues* Lied« wird für uns immer Ansporn sein, diese Tradition neu zu beleben.

Johann Saubert
Suavissima Musica Christo

Wann GOTT der heilig Geist die Hertzen selbst regieret
Und gleichsam auß der Höh den *Alt* mit musicieret:
Wann er den Tact auch gibt nach Gottes Wort allein,
O was kann *richtiger,* als diese Musick seyn?

Und wann der wahre Glaub im Menschen wird entzündet,
Gleich einem starcken *Baß,* darauff sich alles gründet;
Der frembde Noten nicht durchauß läßt kommen ein:
O was kann *kräfftiger,* als diese Musick seyn?

Wann ferner das Gebet, wie ein *Discant* auffsteiget
Und sich dem Glaubens=*Baß* allzeit gemeß erzeiget,
Wann es in höchster Noht doch bleibet klar und rein;
O was kann *lieblicher,* als diese Musick seyn?

Wann endlich der *Tenor* ist das unsträfflich Leben,
Da sich die Glieder all, nach GOTTES Wort, ergeben
Der wahren Heiligkeit, ohn allen falschen Schein,
O was kann *Heiliger,* als diese Musick seyn?

Karl Kardinal Lehmann
Missionarisches Singen

Musik hat von Haus aus etwas Sanftes an sich. Wenn wir so unser Loben und unser Preisen Gottes zum Ausdruck bringen, dürfen wir ganz absichtslos sein; es geht nicht darum, dass wir uns selbst darstellen und demonstrieren, was wir sind, und was wir können. Alles ist auf ihn hin orientiert.

Je absichtsloser und je reiner wir beten, singen und preisen, desto schöner ist das Lob, und desto mehr sind wir durch die Musik missionarisch-unaufdringlich, nicht indoktrinierend. Dann singen wir so, dass wir den Anderen nicht einfach packen und fassen, sondern so, dass er in der Tiefe seiner Seele, seines Geistes und seines Herzens angerührt wird durch die Töne, durch das Wort, durch das Schwingen. Er soll in sich wahrnehmen, dass es Anknüpfungspunkte gibt im Menschen, dass er einstimmen kann, auch wenn er vielleicht den Bezug zum lebendigen Gott im Alltag seines Lebens etwas verloren hat.

Darum ist Musik wohltuend missionarisch, sanft missionarisch. Die Musik im Raum der Kirche hat in diesem Sinne gerade heute eine große Bedeutung, weil sie viele Menschen ansprechen und einladen kann, sich in diesem Medium Gott wieder zu nähern. Auch darum freuen wir uns, wenn wir immer wieder dieses Gotteslob singen und spielen dürfen.

Das absichtslose, das reine Lob Gottes wird dadurch noch einmal besonders offenbar, dass es Kinder und junge Menschen sind, die singen; sie zeigen uns, dass dieses Lob in allen Phasen zum Menschsein gehört und dass es gut ist, es früh einzuüben, um immer vertrauter darin zu werden, unsere Seele zu Gott zu erheben.

Karl May
Solo am Weihnachtsfest

Meine Stimme entwickelte sich zu einem guten, volltönenden, umfangreichen Sopran. Infolgedessen nahm der Herr Kantor mich in die Kurrende auf. Ich wurde schnell treffsicher und der Öffentlichkeit gegenüber mutig. So kam es, daß mir schon nach kurzer Zeit die Kirchensoli übertragen wurden.

Die Konfirmanden, welche am Palmsonntag eingesegnet worden waren, beteiligten sich am darauffolgenden Grünen Donnerstag zum erstenmal in ihrem Leben an der heiligen Kommunion. Nur während dieser einen Abendmahlsdarreichung, sonst während des ganzen Jahres nicht, standen die ersten vier Kurrendaner je zwei und zwei zu beiden Seiten des Altares, um Handreichungen zu tun. Sie waren genau wie Pfarrer gekleidet, Priesterrock, Beffchen und weißes Halstuch. Sie standen zwischen dem Geistlichen und den paarweise herantretenden Kommunikanten und hielten schwarze, goldberänderte Schutztücher empor, damit ja nichts von der dargereichten heiligen Speise verlorengehe. Da ich sehr jung zur Kurrende gekommen war, hatte ich dieses Amtes mehrere Male zu walten, ehe ich selbst zur Einsegnung kam. Diese frommen, gottesgläubigen Augenblicke vor dem Altar wirken noch heute, nach so vielen Jahren, in mir fort.

Ein anderer dieser Gebräuche war der, daß am ersten Weihnachtsfeiertag jedes Jahr während des Hauptgottesdienstes der erste Knabe der Kurrende die Kanzel zu besteigen hatte, um die Weissagung des Jesaias Kap. 9 Vers 2 bis 7 zu singen. Er tat dies ganz allein, zu milder, leiser Orgelbegleitung. Es gehörte Mut dazu, und es kam nicht selten vor, daß der Organist dem kleinen

Sänger zu Hilfe zu kommen hatte, um ihn vor dem Steckenbleiben zu bewahren. Auch ich habe diese Weissagung gesungen, und genauso, wie die Gemeinde sie von mir hörte, so wirkt sie noch heute in mir fort und klingt von mir hinaus bis in die fernsten Kreise meiner Leser, wenn auch in anderen Worten, zwischen den Zeilen meiner Bücher. Wer als kleiner Schulknabe auf der Kanzel gestanden und mit fröhlich erhobener Stimme vor der lauschenden Gemeinde gesungen hat, daß ein helles Licht erscheine und von nun an des Friedens kein Ende sein werde, den begleitet, wenn er sich nicht absolut dagegen sträubt, jener Stern von Bethlehem durch das Leben, der selbst dann noch weiterleuchtet, wenn alle anderen Sterne verlöschen.

Paul Claudel
Bekehrung beim Magnificat

Da ich nichts Besseres zu tun hatte, ging ich zur Vesper. Die Knaben der Singschule in weißen Gewändern sangen gerade, und die Schüler des kleinen Seminars Saint-Nicolas-du-Chardonnet, die ihnen dabei zur Seite standen, hatten eben, wie ich später erfuhr, das »Magnificat« angestimmt. Ich selbst stand in der Menge in der Nähe des zweiten Pfeilers am Choranfang, rechts auf der Seite der Sakristei. Da nun vollzog sich das Ereignis, das für mein ganzes Leben bestimmend sein sollte. In einem Nu wurde mein Herz ergriffen, *ich glaubte.* Ich glaubte mit einer so mächtigen inneren Zustimmung, mein ganzes Sein wurde geradezu gewaltsam emporgerissen, ich glaubte mit einer so starken Überzeugung, mit solch unbeschreiblicher Gewißheit, daß keinerlei Platz auch nur für den leisesten Zweifel offenblieb, daß von diesem Tage an alle Bücher, alles Klügeln, alle Zufälle eines bewegten Lebens meinen Glauben nicht zu erschüttern, ja auch nur anzutasten vermochten. Ich hatte plötzlich das durchbohrende Gefühl der Unschuld, der ewigen Kindschaft Gottes, einer unaussprechlichen Offenbarung.

Es ist wahr! Gott existiert, er ist da. Es ist jemand, es ist ein ebenso persönliches Wesen wie ich! Er liebt mich, er ruft mich. Tränen und Schluchzer überkamen mich, und der liebliche Gesang des »Adeste« trug noch das seinige zu meiner Erschütterung bei. Eine recht süße Erschütterung übrigens, der sich dennoch ein Gefühl des Schauders, ja beinahe des Schreckens zugesellte!

Lukas Spinner
Nun darf getrost ich gehen

So klingt es nach, wenn ich von der Vesper nach Hause gehe. Kein ängstliches Fragen, ob denn auch alles gut gewesen, denn es hat einfach gut getan. Kleine Perlen sind diese Feiern, alle Monate eine neue, geknüpft an einen Faden, der zurückreicht, weit hinter uns zurück. Musikalische Kostbarkeiten, immer wieder wechselnd; feste Texte, durch die Jahreszeiten sich gleich bleibend; die Lesungen, dem Kirchenjahr entsprechend, ohne Erklärung, kein Wort zu viel, einfach der sprechende Text im Rahmen der Psalmen. Ich gehe getrost, denn ich weiß, ich habe meinen Gottesdienst gefunden.

IV.

Singt dem Herren, alle Stimmen!

Große Werke der Chormusik

Singt dem Herren, alle Stimmen!
Dankt ihm, alle seine Werke!
Laßt zu Ehren seines Namens
Lob im Wettgesang erschallen!
Des Herren Ruhm, er bleibt in Ewigkeit.
Amen.

Schlußchor aus
Joseph Haydns »Schöpfung«

Simone Weil
Schönheit der Gregorianik

Das Schöne ist etwas, dem man seine Aufmerksamkeit schenken kann.

Gregorianische Musik. Wenn man dieselben Dinge alle Tage und mehrere Stunden täglich singt, wird das, was auch nur ein wenig unter der höchsten Vollkommenheit liegt, unerträglich und löst sich auf.

*

Im Jahre 1938 verbrachte ich zehn Tage in Solesmes, von Palmsonntag bis Osterdienstag, und wohnte allen Gottesdiensten bei. Ich hatte bohrende Kopfschmerzen; jeder Ton schmerzte mich wie ein Schlag; und da erlaubte mir eine äußerste Anstrengung der Aufmerksamkeit, aus diesem elenden Fleisch herauszutreten, es in seinen Winkel hingekauert allein leiden zu lassen und in der unerhörten Schönheit der Gesänge und Worte eine reine und vollkommene Freude zu finden.

*

Wenn man Bach hört oder eine gregorianische Melodie, verstummen alle Fähigkeiten der Seele und spannen sich an, um diese vollkommen schöne Sache zu erfassen. Jede Fähigkeit auf ihre Weise, der Verstand mit den anderen. Er findet hier nichts zu bejahen und nichts zu verneinen, doch er nährt sich davon.

Muss der Glaube nicht eine Zustimmung dieser Art sein?

Johann Wolfgang von Goethe

Ein herrlicher Kirchengesang

Der herrliche Kirchengesang: *Veni Creator Spiritus* ist ganz eigentlich ein Appell an's Genie; deßwegen er auch geist- und kraftreiche Menschen gewaltig anspricht.

E. T. A. Hoffmann

Palestrina als Retter der Kirchenmusik

Ausgesöhnt mit der Kunst wurde der Papst Marcellus der zweite, der im Begriff stand alle Musik aus den Kirchen zu verbannen, so aber dem Kultus den herrlichsten Glanz zu rauben, als der hohe Meister Palestrina, ihm die heiligen Wunder der Tonkunst in ihrem eigentümlichsten Wesen erschloß. Auf immer wurde nun die Musik der eigentlichste Kultus der katholischen Kirche und so war damals die tiefste Erkenntnis jenes innern Wesens der Tonkunst in dem frommen Gemüt der Meister aufgegangen und in wahrhaftiger heiliger Begeisterung strömten aus ihrem Innern ihre unsterblichen unnachahmlichen Gesänge.

Du weißt Theodor, daß die sechsstimmige Messe, die Palestrina damals (es war ja wohl im Jahr 1555?) komponierte um den erzürnten Papst wahre Musik hören zu lassen, unter dem Namen *Missa Papae Marcelli* sehr bekannt geworden ist. Mit Palestrina hob unstreitig die herrlichste Periode der Kirchenmusik, mithin der Musik überhaupt an, die sich beinahe zweihundert Jahre bei immer zunehmendem Reichtum in ihrer frommen Würde und Kraft erhielt, wiewohl nicht zu leugnen ist, daß schon in dem ersten Jahrhundert nach Palestrina jene hohe unnachahmliche Einfachheit und Würde sich in eine gewisse Eleganz verlor, um die sich die Komponisten bemühten.

Welch ein Meister ist Palestrina! – Ohne allen Schmuck, ohne melodischen Schwung folgen in seinen Werken meistens vollkommen konsonierende Akkorde aufeinander, von deren Stärke und Kühnheit das Gemüt mit unnennbarer Gewalt ergriffen und zum Höchsten erhoben wird. – Die Liebe, der Einklang alles Geistigen in der Natur, wie er dem Christen verheißen, spricht sich aus im Akkord, der daher auch erst im Christentum zum Leben erwachte; und so wird der Akkord, die Harmonie, Bild und Ausdruck der Geistergemeinschaft, der Vereinigung mit dem Ewigen, dem Idealen, das über uns thront und doch uns einschließt. Am reinsten, heiligsten, kirchlichsten muß daher die Musik sein, welche nur als Ausdruck jener Liebe aus dem Innern aufgeht, alles Weltliche nicht beachtend und verschmähend. So sind aber Palestrina's einfache, würdevolle Werke, die, in der höchsten Kraft der Frömmigkeit und Liebe empfangen, das Göttliche verkünden mit Macht und Herrlichkeit. Auf seine Musik paßt eigentlich das, womit die Italiäner das Werk manches, gegen ihn seichten, ärmlichen Komponisten bezeichneten; es ist wahrhafte Musik aus der andern Welt – *Musica del' altro mondo.*

Palestrina ist einfach, wahrhaft, kindlich fromm, stark und mächtig – echtchristlich in seinen Werken, wie in der Malerei Pietro von Cortona und unser Albrecht Dürer. Sein Komponieren war Religions-Übung.

Germaine de Staël

Das »Miserere« in der Sixtinischen Kapelle

Oswald ging in die Sixtinische Kapelle, um das in ganz Europa berühmte »Miserere« (von Gregorio Allegri, 1582-1652) zu hören. Da es noch hell war, betrachtete er die berühmten Gemälde von Michelangelo, die das Jüngste Gericht darstellen, mit aller schreckenerregenden Kraft des Gegenstandes und des Talentes ... Das Licht dringt kaum durch die Fensterscheiben und wirft mehr Schatten als Licht auf das Gemälde; die ohnehin sehr großen Figuren des Michelangelo werden durch die Dunkelheit noch vergrößert; der Weihrauch füllt mit seinem Wohlgeruch, der etwas Begräbnismäßiges hat, den Raum; alle Empfindungen bereiten auf die tiefste unter allen vor, nämlich die, welche die Musik hervorrufen soll.

Während Oswald ganz in Betrachtungen über die ihn umgebenden Gegenstände versunken war, erblickte er auf dem Frauenchor, hinter dem Gitter, das sie von den Männern absondert, Corinna, die er so früh nicht erwartet hatte. Corinna war schwarz gekleidet und blaß geworden durch die Trennung. Sie zitterte derart, als sie Oswald erblickte, daß sie sich am Geländer festhalten mußte, um weiter vortreten zu können. In diesem Augenblick fing das »Miserere« an.

Die Sänger sind in diesen alten, reinen Gesang vortrefflich einstudiert; sie stehen ganz oben am Anfang des Gewölbes auf einer Galerie. Man sieht sie nicht, die Töne scheinen wie in den Lüften zu schweben; mit jedem Moment sinkt der Tag tiefer herab, und die Kapelle wird düsterer. Dies war nicht mehr die leidenschaftlich wollüstige Musik, die Oswald und Corinna acht Tage vorher angehört hatten, eine heilige Musik war es, die zum Verzicht auf alles Irdische ermahnt. Corinna warf sich hinter dem Gitter auf die Knie und blieb ganz in Meditation vertieft. Selbst Oswald verschwand ihrem Blicke; der Tod schien ihr wünschenswert in einem solchen Moment der Seelenerhebung.

Das »Miserere« (das heißt: Erbarme dich) ist ein Psalm, aus sehr verschiedenartigen Versen zusammengesetzt, die abwechselnd gesungen und gesprochen werden. Bei einem Vers ertönt eine himmlische Musik, und der folgende wird von tiefen, beinahe rauhen Stimmen hergemurmelt; wie eine Antwort der harten Gemüter an die Gefühlvollen; wie das wirkliche Leben, das die Gelübde der erhabenen Seelen feindlich zurückstößt. Hebt der sanfte Chor wieder an, dann atmet man wieder neue Hoffnung, und bei dem darauf folgenden hergesagten Vers wird man von einer starren Kälte ergriffen, nicht von Entsetzen, sondern von entmutigter Begeisterung. Das letzte Stück endlich, rührender und erhabener noch als die vorhergehenden, überläßt die Hörenden einem süßen reinen Gefühl. Möge Gott uns, ehe wir sterben, ein ähnliches Gefühl verleihen.

Die Kerzen werden ausgemacht; es wird immer finsterer; die Gestalten der Propheten und Sibyllen erscheinen in Dunkel gehüllt wie Geister. Es herrscht eine tiefe Stille; bei dieser in sich gekehrten, inneren Seelenstimmung wäre jedes ausgesprochene Wort unerträglich. Mit dem letzten verhallenden Ton geht man langsam und leise hinaus, als ob man scheute, in das Alltagsleben zurückzukehren.

Dietrich Bonhoeffer
An Waltraut Distler

Berlin-Charlottenburg, 15. November 42

Sehr verehrte gnädige Frau!
Sie kennen mich nicht und ich habe Ihren Mann leider nicht persönlich gekannt, aber ich habe seine Musik sehr geliebt und ich habe von seinem Sterben gehört, und so möchte ich Ihnen gerade als einer der vielen Unbekannten schreiben, die am Leben und Sterben Ihres Mannes und nun an Ihrem Schmerz tiefen Anteil nehmen.

Vorgestern hörte ich die Musikalischen Exequien (von Heinrich Schütz), die er selbst aufführen wollte und die nun seinen Tod beklagten und alle um ihn Betrübten trösteten. Als der Chor von der Ruhe der Toten von ihrer Arbeit und vom Frieden der Gerechten, die in Gottes Hand sind, sang, da war es wie eine Bitte der Lebenden für den Toten und wie ein Segen des Toten für die Lebenden, der alle Selbstanklagen zum Schweigen bringt und den Sinn auf das Letzte ausrichtet. Wer um das Lebenswerk und den Tod Ihres Mannes weiß, der wird bei seinen Gedanken über Gegenwart und Zukunft nicht mehr daran vorbeikommen. Der Gedanke an den Frieden und die Ruhe, die er sich durch so tiefe Dunkelheit hindurch erobert hat und wohl nur noch so erobern konnte, möge unsere Herzen festigen und uns dazu auffordern, den Menschen um uns herum schon auf dieser Erde zu dem Frieden und der Ruhe zu helfen, die im Kreuz und in der heiligen Schrift allein zu finden sind.

In ehrerbietiger Teilnahme grüßt Sie Ihr sehr ergebener
Dietrich Bonhoeffer

Albert Schweitzer

Bachs Johannespassion

Bach war aber nicht nur ein poetischer Musiker, sondern auch ein Denker, der in den Geist der (Heiligen) Schrift tief eingedrungen war. Seine musikalische Darstellung der Schriftworte ist oft zugleich eine Auslegung derselben. So hat er in der Arie »Es ist vollbracht« das letzte Wort Jesu ins Sieghafte gedeutet. Das Thema der Arie erbaut sich auf dem Rhythmus der erhabenen Feierlichkeit, den er überall so charakteristisch anwendet. Dann aber bei den Worten: »Der Held aus Juda siegt mit Macht« bricht das Sieghafte mit elementarer Gewalt hervor. Die Begleitung des Orchesters erinnert an diejenige der zweiten Strophe der Cantate »Ein feste Burg«, wo das »Streiten des rechten Helden« in Musik dargestellt wird.

Weil Bach ein Denker war, konnte ihn die Choralphantasie »O Mensch bewein dein Sünde groß« als Einleitung der Johannespassion auf die Dauer nicht befriedigen, sondern er suchte nach einem Text, der gleichsam den Grundgedanken des Johannesevangeliums zusammenfaßte. Dieser Gedanke lautet aber: die Offenbarung der göttlichen Herrlichkeit Jesu in der Niedrigkeit und im Leiden. Er findet sich niedergelegt in dem Chor, den Bach endgültig zur Einleitung wählte: »Herr, unser Herrscher, dessen Ruhm in allen Landen herrlich ist, zeig uns durch deine Passion, daß du, der wahre Gottessohn, zu aller Zeit, auch in der größten Niedrigkeit, verherrlicht worden bist.«

Die Flöten und Oboen klagen in der Höhe, die Bässe ruhen anhaltend auf derselben Note und darüber webt die göttliche Majestät in bewegten ununterbrochenen Sechzehnteln. Aber bei den Worten: »Zeig uns durch deine Passion ...« steigt die webende 16tel Bewegung in die Tiefen der Bässe hinab, um sich bei den

Worten: »verherrlicht worden bist«, wieder sieghaft zu erheben. So zeigt der erste Chor, daß Bach den Grundgedanken der Passionserzählung des Johannesevangeliums bis in die innersten Tiefen seines Dichtergemütes nachempfunden hat. Seine Johannespassion ist das Werk eines dichtenden Denkers, der sich in der Sprache der Töne ausdrückt. Darum ist dieses Werk unübertrefflich und unvergänglich.

Dorothee Sölle

Weihnachtsoratorium

Trompeten und pauken
königsinstrumente
man benutzt sie in palästen

Flöten und hörner
hirteninstrumente
man spielt sie im dorf

Aber jsb hat sich das anders gedacht
bei hofe erklingen die sanften
tonfarben der hirten

Im stall
frohlocken die königsklänge
im ausländerwohnheim
schlagen die pauken
ein anderes glück

Edith Stein
»Und wenn die Welt voll Teufel wär«

Auch aus dem wachen Tagesleben erinnere ich mich an eine Zeit, in der die Sonne erloschen schien. Es war wohl im Sommer 1912, ...

Ich hatte alles Vertrauen zu den Menschen verloren, unter denen ich mich täglich bewegte, ging herum wie unter dem Druck einer schweren Last und konnte nicht wieder froh werden. Bezeichnend ist, was mich von dieser Depression heilte. In jenem Jahr wurde in Breslau das große Bachfest gefeiert. Bach war ja mein besonderer Liebling, und ich hatte eine Karte für alle Veranstaltungen: Orgelkonzert, Kammermusik und einen großen Orchester- und Gesangsabend. Ich weiß nicht mehr, welches Oratorium an diesem Abend zur Aufführung kam. Ich weiß nur, daß Luthers Trutzlied »Ein feste Burg ...« darin vorkam. Ich hatte es in unsern Schulandachten immer gern mitgesungen. Als nun so recht kampfesfroh die Strophe erklang: »Und wenn die Welt voll Teufel wär' / und wollt' uns gar verschlingen, / so fürchten wir uns nimmermehr, / es muß uns doch gelingen ...«, da war mit einemmal mein ganzer Weltschmerz verschwunden. Gewiß – die Welt mochte schlecht sein: Aber wenn wir unsere ganze Kraft einsetzten, die kleine Schar von Freunden, auf die ich mich verlassen konnte, und ich – dann würden wir schon mit allen »Teufeln« fertig werden.

Stephan Hermlin

»... denn es will Abend werden«

Vorn zwei Oboen und eine Oboe da caccia, im Hintergrund Streicher und Continuo setzen mit dem Thema ein, das der Chor von Takt 24 an homophon wiederholt. Von den Wäldern atmet Kühle her. Wie schnell ist der Tag vergangen. Es hat sich eine Dämmerung aufgemacht; aus ihren Falten werden tiefere Finsternisse fallen. Wo einer fragt, werden andere keine Antwort wissen, und wo Antworten gegeben werden, werden Fragen warten. Mit Allabreve beginnt beschleunigt eine Chorfuge. Später schreitet der Alt in Ganztönen immer tiefer nach unten. Die Dunkelheit löscht die Gesichter aus, die Merkmale der Arbeit, die helleren Farben der Straßen; kein Fenster schimmert mehr, kein nachbarlich Haus, keine Siedlung wartet. Die Streicher beschreiben mit g-d-b-fis ein Kreuz. Bleibe bei uns.

Karl Barth

Dankbrief an Mozart

Basel, 23. Dezember 1955

Lieber Herr Kapellmeister und Hofkompositeur!

... Was ich Ihnen danke, ist schlicht dies, daß ich mich, wann immer ich Sie höre, an die Schwelle einer bei Sonnenschein und Gewitter, am Tag und bei Nacht guten, geordneten Welt versetzt und dann als Mensch des 20. Jahrhunderts jedes Mal mit Mut (nicht Hochmut!), mit Tempo (keinem übertriebenen Tempo!), mit Reinheit (keiner langweiligen Reinheit!), mit Frieden (keinem faulen Frieden!) beschenkt finde. Mit ihrer musikalischen Dialektik im Ohr kann man jung sein und alt werden, arbeiten und ausruhen, vergnügt und traurig sein, kurz: leben. Sie wissen jetzt noch viel besser als ich, daß dazu noch mehr nötig ist als auch die beste Musik. Aber es gibt Musik, die dem Menschen (nachträglich und beiläufig!) dazu hilft, und andere, die das weniger tut. Die Ihrige hilft dazu. Weil das zu meiner Lebenserfahrung gehört – ich soll 1956 siebzig Jahre alt werden, während Sie jetzt als 200jähriger Patriarch unter uns wandeln würden! – und weil ich meine, daß unser immer obskurer werdendes Säkulum gerade Ihre Hilfe nötig hätte – darum bin ich dankbar dafür, daß Sie da waren, daß Sie in den paar kurzen Jahrzehnten Ihres Lebens gerade nur rein musizieren wollten und musiziert haben und daß Sie in Ihrer Musik lebendig noch da sind. Glauben Sie es nur, daß viele, viele Ohren und Herzen, gelehrte und ungelehrte wie die meinigen, Sie noch und wieder und wieder gerne hören – nicht nur in Ihrem Jubiläumsjahr.

Wie es mit der Musik dort steht, wo Sie sich jetzt befinden, ahne ich nur in Umrissen. Ich habe die Vermutung, die ich in dieser Hinsicht hege, einmal auf die Formel gebracht: ich sei nicht schlechthin sicher, ob die Engel, wenn sie im Lobe Gottes begriffen sind, gerade Bach spielen – ich sei aber sicher, daß sie, wenn sie unter sich sind, Mozart spielen und daß ihnen dann doch auch der liebe Gott besonders gerne zuhört. Nun, die Alternative mag falsch sein. Und Sie wissen auch darüber ohnehin besser Bescheid als ich. Ich erwähne es nur, um Ihnen figürlich anzudeuten, wie ich es meine.

Und so wirklich der Ihrige:

Karl Barth

Christoph Martin Wieland

An J. Haydn.

Nach Aufführung seiner Kantate: Die Erschaffung der Welt

Wie strömt Dein wogender Gesang
In unsre Herzen ein! – Wir sehen
Der Schöpfung mächt'gen Gang,
den Hauch des Herrn auf dem Gewässer wehen,
jetzt durch ein blitzend Wort das erste Licht entstehen,
und die Gestirne sich durch ihre Bahnen drehen;
Wie Baum und Pflanze wird; wie sich der Berg erhebt,
und, froh des Lebens, sich die jungen Thiere regen.
Der Donner rollet uns entgegen;
Der Regen säuselt; jedes Wesen strebt
ins Daseyn, und bestimmt, des Schöpfers Werk zu krönen,
sehn wir das erste Paar, geführt von deinen Tönen.
O jedes Hochgefühl, das in dem Herzen schlief,
ist wach! Wer rufet nicht: Wie schön ist diese Erde,
und schöner, nun der Herr auch Dich ins Daseyn rief,
auf daß sein Werk vollendet werde!

Julien Green
Mozarts »Krönungsmesse« in Wien

Heute zur Sonntagsmesse in der Burgkapelle. Zum Glück hatten wir Eintrittskarten, im großen Hof von Fischer von Erlach bildete sich eine lange Warteschlage. Für sehr viele Wiener ist ungeachtet der politischen Einstellung die Religion gleichbedeutend mit Mozart, Beethoven oder Schubert. Die Kapelle ist ziemlich groß und sehr gotisch, doch stark renoviert, wie mir schien. Viel Gold, viele Heiligenstatuen. Wir sind fünf oder sechs Reihen vom Altar entfernt, und die Kapelle ist zum Brechen voll. Die Zelebranten ziehen von hinten ein, die Ministranten in schwarzer Soutane und weißem Chorhemd. Der Priester trägt ein herrliches Meßgewand voller Rosen, er hat einen Garten auf Brust und Rücken; die Diakone in grünen Dalmatiken, grüne Bänder verschließen die Ärmel. Die Messe ist ganz lateinisch (mit Ausnahme der Fürbitten). Links des Altars singen junge Leute in weißen Chorhemden gregorianische Choräle. Auf den Orgeltribünen der Knabenchor und das Orchester: *Gloria, Credo* usw. erschallen wie gewaltige Rufe: Es ist die *Krönungsmesse* von Mozart. Das Sopransolo des *Gloria* läßt mich an die Amsel der Schubertiade denken. Die Chöre sind von fast übermenschlicher Schönheit; es ist, als würden sie die Sünder ausklammern und nur die Gerechten meinen, ihnen fehlt, wie Eric bemerkt, jene Liebe zu den Sündern, die es bei Schubert gibt. Er hörte die Messe unbeweglich und sehr aufmerksam an, es ist die Messe, wie er sie mag, des Schauspiels der »trimphierenden« Kirche wegen, mit Blumen und Weihrauch, mit all den Farben und dem himmlischen Nachhall der Gesänge in den Gewölben.

Albrecht Goes

Mozarts »Ave verum«

Das »Ave verum«, ein Vierminutenwerk, ist eine Nußschale Musik, eine Schale Vollendung. Es ist Fronleichnamstag, und es ist Baden bei Wien. Constanze Mozart ist dort in der Badekur, der Lehrer Stoll ist »Regens Chori«; er war Constanze bisweilen behilflich; nun erbittet er sich von Mozart eine kleine Motette, und Mozart erfüllt den Wunsch. Und es ist wieder wie in Leipzig. Er schreibt gleichsam mit der linken Hand, in purem Übermut ein Briefchen: »Liebster Stoll! Seiens kein Schroll!«, und mit der anderen Linken schreibt er an Constanze: »Ich bitte dich, gehe heute nicht auf die Casino« – und mit der Rechten schreibt er das Wunderwerk.

Man stellt sichs vor: die sechzehn Sänger und Spieler im Chor der Dorfkirche; jede Stimme nur gerade dreifach besetzt, die Instrumentalisten müssen solistisch zurecht kommen; an der Orgel sitzt Stoll.

Der Text, die Anrufung der Hostie, ist ein Credo in nuce: die Weihnacht zuerst, dann die Passion, in der dritten Zeile durch ein starkes »Esto!« eingeführt, die pfingstliche Ermutigung der glaubenden Gemeinde, alles aber – diesmal nun wirklich – sub specie mortis.

Das Werk ist so einfältig, daß man es jedem guten Dorfkirchenchor zutrauen möchte, und ist mit seinen achtunddreißig Takten ein Werk der unergründlichen Herrlichkeiten.

Da sind die zwei »Ave« am Anfang, die den Gruß zur demütig-großen Verbeugung machen; da die dramatischen Steigerungen, die Sorgfalt, die jeder Silbe folgt; die dunkle Flut in dem »unda fluxit«; das vom Passionssonntag »Esto mihi« herkommende »Esto nobis«, Signet des Sich-aufrichtens, Sich-auf-den-Weg-machens; dann der Vorgeschmack des Sakraments, der in »praegustatum« Leiblichkeit als »das Ende der Wege Gottes« erkennt; und schließlich die eine sehnlich in die Höhe drängende und dann zur Erde zurücksinkende Modulation auf den Todessilben, »in mortis examine«; und nur diese Wendung wird wiederholt. Es ist, als melde sich der Todeskandidat zum Examen: ich bin bereit. Zuletzt noch zwei Takte für die Streichinstrumente, gerade Zeit, das Sterbekleid anzulegen.

Zu diesem – für eine Dorfkirche geschriebenen – »Ave verum« gehört die Stille jener Seitenkapelle, die den Tabernakel verwahrt.

Dietrich Fischer-Dieskau

»Von Herzen – möge es zu Herzen gehen«

Völlig neu konzipierte Beethoven die Messe. Schüttelte schon der Auftraggeber Fürst Esterházy über die feine Messe in C-Dur den Kopf, deren sich die Chorvereine intensiver annehmen sollten, so blieb die »Missa solemnis« in D-Dur bis heute das Staunen der Welt. Zur Inthronisation eines erzherzoglichen Schülers als Fürstbischof gedacht, wuchs sie dem Meister nicht nur, wie bei Bach, über die Grenzen der Konfession hinaus, sondern hob sich über alle Kirchenmauern hinweg zum persönlichen Bekenntnis. Chor und Solisten dürfen sich mit dem Messetext in die symphonische Sprache einmischen.

»Von Herzen – möge es zu Herzen gehen«: mit dieser anrührenden Widmung ist schon angedeutet, mit welchen Mitteln der Ekstatik, des Stammelns, der sanften Linie, des Verzweiflungsschreis sich die Stimmen dem instrumentalischen Müssen Beethovens zu fügen haben, einem innigen Gebetshymnus, den der furchtbar Einsame namens der ganzen Menschheit singt.

Schalom Ben-Chorin

Das Volkslied der Juden im »Deutschen Requiem« von Johannes Brahms

Der erste Satz des »Deutschen Requiems« setzt mit dem Chor ein, der das Motiv von Trauer und Trost mit den Worten der Bergpredigt proklamiert:

Selig sind, die da Leid tragen,
denn sie sollen getröstet werden.

Dann aber fährt der Text fort mit den Worten:

Die mit Tränen säen,
werden mit Freuden ernten.

Diese Verse sind dem 126. Psalm entnommen, den mein verewigter Freund, der Dichter Max Brod, als das Volkslied der Juden bezeichnete.

Der Psalm beginnt mit den Worten:

Wenn der Herr die Gefangenen Zions heimführt,
werden wir sein wie die Träumenden.
Dann wird unser Mund voll Lachens
und unsre Zunge voll Rühmens sein.
Dann wird man sagen unter den Völkern:
»Der Herr hat Großes an ihnen getan.«
Ja, der Herr hat Großes an uns getan.

Herr, bringe zurück unsre Gefangenen,
wie die Sturzbäche im Negev, im Ödland.

Welch eine Überraschung, im »Deutschen Requiem« dem Volkslied der Juden zu begegnen. Johannes Brahms konnte natürlich nicht ahnen, daß in jüdischen Häusern an den Sabbathen und Feiertagen nach der festlichen Mahlzeit gerade dieser Psalm gesungen wird.

Aber das Wort der Schrift weist weit über sich selbst hinaus. Das habe ich vor Jahren erfahren, als ich in einem evangelischen Kreis über diesen Psalm sprach. »Diesen Psalm haben wir für unsere Gefangenen in Rußland gebetet«, sagte mir eine deutsche Frau.

Welch eine Transformation.

Sicher bezieht sich der Text nur auf die Gefangenen Zions in Babylon und nicht auf deutsche Kriegsgefangene in der damaligen Sowjetunion. Und doch wird das inspirierte Wort zum Trost sogar für jene, die Feinde Zions waren. Wenn dem nicht so wäre, wenn wir nur auf den ursprünglichen Sinn des Bibelwortes reflektieren könnten, bliebe es auf Israel beschränkt. So aber gilt es für alle, die in Tränen säen und in Freude ernten dürfen.

Der Mensch ist nach dem Zeugnis des ersten Buchs Mose im Ebenbilde Gottes erschaffen. Er selbst aber schafft wiederum in seinem Ebenbilde, in kreativen Akten und in Gestalten, die zu überdauern vermögen. Diese Gestaltungskraft, die freilich nur Erwählten verliehen wird, kann uns zum Trost gereichen.

Dort, wo der Mensch in seinem Leben keinen Trost mehr zu finden vermag, ist ihm dieser gewährt im Werk von Dichtung, Musik und anderen Künsten und im Flug des Geistes.

Brahms selbst muß etwas von diesem Trost des kreativen Werkes erlebt haben. Einer Notiz aus dem Nachlaß seines 1856 verstorbenen Freundes Robert Schumann verdankt Brahms die erste Anregung zu seinem Requiem, und der Tod seiner Mutter am 2. Februar 1865 soll ihm die letzten Impulse gegeben haben. So hat er selbst erfahren, daß die da Leid tragen, getröstet werden – nicht zuletzt durch die Kraft des eigenen Werkes.

Helmuth Rilling
Anton Bruckners Frömmigkeit

Keine Kirchenmusik ist so »fromm« wie die Anton Bruckners. Wenn ich sie musiziere, sehe ich ihn vor mir, auf den Altarstufen kniend, ergriffen vom »Schauder des Heiligen«.

In ehrfürchtiger Demut vermag er – wie kein anderer – mit seiner Musik Majestätisches und Visionäres Klang werden zu lassen, vermag er dem Mysterium des Glaubens nachzuspüren. Und immer ist er dem Kirchenraum verbunden, spricht mit der gregorianischen Sprache ihrer Liturgie.

In beiden Messen (e-Moll und f-Moll) geht Bruckner dem Phänomen des Majestätischen, der »gloria patris« gleichermaßen mit ekstatischen Klangausbrüchen nach. In beiden Werken kontrastiert er dies mit Demut und der Inbrunst des »miserere nobis«.

In beiden Werken entwickelt er aus dem Pianissimo des »sepultus est« mit gewaltigen Crescendi die Vision der Auferstehung und des Weltgerichts.

»Et incarnatus« und »Benedictus« sind für ihn Texte, die rational nicht Faßbares, das Mysterium nennen. Beinahe verzückt schreibt er dazu meditative Musik mit oftmals nicht vorausahnbaren harmonischen Wandlungen.

Bruckners Fugen, im 150. Psalm wie in den beiden Messen, sind eigenartige Gebilde. Auf kantige Themen geschrieben, wirken sie gedrungen, ja beinahe erzwungen, so als wolle ihr Schöpfer trotzig die Gewißheit ihrer Texte durchsetzen.

Anders als im Psalm und den beiden Messen ist die Schlußfuge des »Te Deum« ein groß angelegter Satz. Ihr Text »In te, Domine, speravi, non confundar in aeternum« wird mehrfach durchgeführt. Wenn dann nach gewaltigen harmonischen Rückungen der mächtige und langgehaltene C-Dur-Akkord erklingt, scheint sich der Himmel über dem vor dem Altar Knienden zu öffnen.

Olivier Messiaen
Geistliche Musik

Jede Musik, die sich mit Ehrerbietung dem Göttlichen, dem Heiligen, dem Unaussprechlichen nähert, ist Geistliche Musik im vollsten Sinne des Wortes.

*

Die Geistliche Musik erreicht alle Zeiten, alle Orte, berührt das Materielle ebenso wie das Geistige, und schließlich: sie findet Gott überall.

V.

Auf Flügeln des Gesanges

Singen in der Literatur

Viele verachten die edele Musik,
Täglich entstehet darüber ein Krieg.
Aber die solches hier unten nicht ehren,
Die sollen auch droben das Sanctus nicht hören.

Anonymus

Ingeborg Bachmann
Sänger

Geglaubt werden ihnen nur die Töne. Ihre nachdrücklichen Schritte, ihre monströsen Handlungen, ihr Lächeln, ihre Gefühle nicht. Am allerwenigsten die Worte, die sie zerdehnen und raffen nach Belieben, im Legato, im Tremolo, im Triller.

Den Zuhörer bringen sie um die Fassung, sich selbst um das Vertrauen in ihre Kostüme, in die sie mit dieser körperlosen Stimme nicht schlüpfen können.

Angebetete Sänger! Verurteilt zu einem programmatischen Leben in den Metropolen und Provinzen der Musik; vom Applaus geschwellt die Stimmbänder; von Pfiffen gelähmt die Zungen; jedem Luftzug ausgesetzte Helden und Bösewichte; von jedem Rachenbelag zur Liebe unfähig gemachte Hochdramatische und Soubretten!

Für ein Lied geliebte und für ein Lied verstoßene Sänger ... !

Einmal werden sie sich in Goldammern verwandeln und sich den überflüssigen Ballast ihrer Körper und Hirne unter die Federn stecken.

Wilhelm Müller
Die Nachtigall

Dein Gesang, o Nachtigall, ist ein Wunder dieser Welt,
Weil ihn keiner kann verstehn, und er jedem doch gefällt.

Arnold Stadler
Kirchenchorausflug

... ich habe nur die Stationen dieses Ausflugs erzählt, mehr nicht, Kreenheinstetten, Molkerei, Farrenstall, Abraham a Sancta Clara, Hinterland. Nillius habe ich nicht einmal gesagt, wer im Bus neben mir saß, daß wir in der hintersten Reihe saßen, und mit wem und wie wir schmusten, kaum über das Schwackenreuter Wäldchen hinaus. Und auch, daß wir die ersten zweistimmigen Lieder sangen, und wie uns die Sehnsucht ins Gesicht gestiegen war. Es waren Morgenlieder, jung waren wir, die wir in der hintersten Reihe saßen, das ist wahr. Die anderen saßen vorne, vor allem der Pfarrer mit seiner Haushälterin im kanonischen Alter und die schon immer etwas scheppernden Sopranstimmen. Und der Dirigent, der neben Muffler saß und demselben die Karte lesen half. »Wenn wir erklimmen«, sangen wir, auf dem Weg zum See hinunter, in den Bregenzer Wald – und weiter.

Dann waren wir in Bregenz. Dort kehrten wir das erste Mal an diesem Tag ein und aßen ein Restaurationsbrot. Es war morgens um halb acht.

Und beteten ein Vaterunser, da haben die Bregenzer aufgelacht. Den Älteren brachte die Bedienung ein Weißbier, den Jüngeren einen Almdudler, dann hat sie sich aber unverhohlen am Büffet aufgestellt und uns ins Gesicht geschaut, um nichts zu versäumen, als wir uns bekreuzigten; und um nichts zu versäumen, hat sie ganz schnell der Küche ein Zeichen gegeben, und dann sind der Koch und der Spüler herausgekommen und haben sich dazugestellt, als machten sie eine Zigarettenpause. Wir trauten uns nun gar nicht mehr, unseren vierstimmigen Morgensatz zu intonieren, dieses Lied anzustimmen. Im Bus haben wir nämlich ein Lied nach dem anderen angestimmt, auch, um dem Busfahrer zu imponieren, wie wir singen konnten, und als wir dann mit der Sesselbahn die Bergstation erreicht hatten, stellten wir uns noch einmal auf der Terrasse des Gipfelrestaurants auf und sangen ein Danklied an den Schöpfer, weil alles so schön war. Das Sommerpublikum, der Bergwanderer, war fromm, ausgesprochen naturfromm und klatschte, während das Winterpublikum, der eine Skifahrer zusammen mit dem anderen – und auch das Stadtpublikum –, abwechselnd den Kopf geschüttelt und gelacht hätten.

Carl Zuckmayer

Bachfuge

Herz, werde wach und singe:
Singe dem Herrn, der die Erde schuf.
Ihn preisen alle Dinge,
Die er geweckt mit Schlag und Ruf.
Herz, werde wach und singe,
Der Herr erschuf die Erde schwer,
Die Erde schuf des Herren Ehr',
Drum lobt ihn Stimm' und Schwinge,
Die er geweckt in Wolk' und Meer,
In Tag und Nacht, in Wort und Lehr'
Zum großen Chor: »Vollbringe!«

James Joyce
Herrliche alte Kirchenmusik

Mr. Bloom sah sich nach dem Chor um. Musik anscheinend keine. Schade. Wer wohl die Orgel hier spielt? Der alte Glynn, der wußte, wie man das Instrument zum Sprechen bringt, so ein *vibrato:* fünfzig Pfund im Jahr, heißt es, hatte er in der Gardiner Street. Molly war gut bei Stimme an dem Tag, das *Stabat Mater* von Rossini. Pater Bernard Vaughans Predigt zuerst. Christus oder Pilatus? Christus natürlich, halt uns bloß damit nicht den ganzen Abend auf. Musik wollten sie. Das Fußgescharre hörte auf. Konnte ne Stecknadel fallen hören. Ich sagte ihr noch, daß sie ihre Stimme auf die eine Ecke da einrichten sollte. Ich konnte die Spannung knistern fühlen in der Luft, die Fülle, die Leute blickten hinauf:

Quis est homo!

Manches von dieser alten Kirchenmusik ist ja herrlich. Mercadante: die sieben letzten Worte. Mozarts zwölfte Messe: das *Gloria* darin. Diese alten Päpste, richtig versessen waren die auf Musik, auf Kunst und Statuen und Bilder aller Art. Palestrina zum Beispiel auch. Hatten ne flotte Zeit, solange das lief. Ist auch gesund, Singen, regelmäßige Stunden, dann Liköre brauen. Benediktiner. Chartreuse Grün. Aber, daß sie Eunuchen in ihrem Chor hatten, also das war ja wohl ein bißchen happig. Was das wohl für eine Stimme ist? Mußte sich komisch anhören nach ihren eigenen kräftigen Bässen. Feinschmecker, verstanden was davon. Fühlten wahrscheinlich überhaupt nichts mehr hinterher. Nur noch Ruhe irgendwie, milde Stimmung. Schluß mit der Quälerei. Setzen ziemlich Fett an, oder? Vielfraße, Wanst und lange Beine. Wer weiß? Eunuch. Auch ein Ausweg.

Hermann Hesse
Dreistimmige Musik

Eine Stimme singt in der Nacht,
Nacht, die ihr bange macht,
Singt ihre Angst, ihren Mut;
Singen bezwingt die Nacht,
Singen ist gut.

Eine zweite hebt an und geht mit,
Hält mit der andern Schritt,
Gibt ihr Antwort und lacht,
Weil zu zwein in der Nacht
Singen ihr Freude macht.

Dritte Stimme fällt ein,
Tanzt und schreitet im Reihn
Mit in der Nacht. Und die drei
Werden zu Sternenschein
Und Zauberei.

Fangen sich, lassen sich,
Meiden sich, fassen sich,
Weil Singen in der Nacht
Liebe weckt, Freude macht,
Zaubern ein Sternenzelt,
Drin eins das andre hält,
Zeigen sich, verstecken sich,
Trösten sich, necken sich ...

Nacht wär und Angst die Welt
Ohne dich, ohne mich, ohne dich.

Angelus Silesius
Die lieblichste Musik

Die lieblichste Musik, die Gott den Grimm benimmt,
Entsteht, wenn Herz und Mund in ihm zusammenstimmt.

Carl Zuckmayer
Dirigentenjubiläum

Wie stets, wenn man erwarten durfte, den Seelenbräu zu hören, war die Kirche zum Hochamt überfüllt. Die starke Sonne des Ostermorgens brach sich in den gemalten Scheiben und schüttete einen stäubenden Strudel vielfarbiger Prismen über die fahlen, abgetretenen Steinfliesen aus. Die Flügel des Hochaltars waren mit frischen Blumen und Zweigen geschmückt. Auf der Frauenseite war ein schwarzer Glanz von den seidenen Haarschleifen und ein Geflimmer von den wenigen alten Goldhauben. Auf den Vorderbänken saßen die weißgekleideten kleinen Mädchen so dicht, daß es von oben aussah, als wäre ein Schnee gefallen. Die Männer und jüngeren Mägde standen bis zu der halbgeöffneten Türe hinaus, durch die der kräftige Wiesenhauch hereinwehte. Hinterm Glas des Chorsitzes verschwommen, war Matthias Hochleithners bärtiger Riesenschädel erschienen, der immer erst nach der Predigt auftauchte. Schon war die Heilige Wandlung vorüber, man hatte sich aus der tiefen Kniebeuge wieder aufgerichtet, der erste goldene Glockenschwall vom Kirchturm war verhallt, die erste feierliche Salve der Prangerschützen verdonnert, jetzt kam eine kurze Stille, in der nur die Priester- und Ministrantenstimmen murmelten, und viele Blicke richteten sich verstohlen zum Orgelchor hinauf. Als sich aber der Dechant, heute wie immer, nach einer raschen Verständigung mit Rosina Zipfer auf seinen Orgelsitz begab, um seinem eigenen Solo zu präludieren, da legten sich plötzlich zwei kühle Hände rechts und links auf seine Wangen, und als er sich halberschrocken herumdrehte, schaute er in das lächelnde Gesicht der Clementin – und eh er sich auch für eine Sekunde überlegen konnte, was sie denn jetzt und hier zu suchen habe, da sie doch längst nicht mehr zum Kirchenchor gehörte, hatte sie ihm mit sanfter Raschheit die alten, vergilbten Noten vom Orgelbrett genommen und einen dicken, frischgebundenen Pack handgeschriebener Singstimmen in den Schoß gelegt, auf deren erster Seite in großen Goldbuchstaben gemalt war:

»Ihrem verehrten Meister – zu seinem kommenden Jubiläum – der Köstendorfer Kirchenchor.«

Bevor er aber imstande war, die Worte zu entziffern, und überhaupt den Sinn der Störung zu begreifen, gewahrte er den Junglehrer Franz Haindl, in einem dunklen Anzug, mit blitzender Brille, mitten unter den Chorknaben – jetzt war die Clementin an ihren alten Platz auf der Mädchenseite getreten – auf ein Zeichen von ihr hob der Junglehrer die Hände – kaum hörbar hatte er den Buben, die Clementin den Mädchen den Einsatzton gegeben – und im strahlenden Ernst der frischen Stimmen erschallte es durch das tiefstille Kirchenschiff:

Singet dem Herrn ein neues Lied.
Lobet den Herrn in Seinem Heiligtum.
Lobet Ihn in der Feste seiner Macht.
Lobet Ihn in seinen Taten. Lobet Ihn in
Seiner großen Herrlichkeit.
Lobet ihn mit Posaunen. Lobet Ihn mit
Psalter und Harfe.
Lobet Ihn mit Pauken und Reigen. Lobet Ihn
mit Saitenspiel und Pfeifen.
Lobet Ihn mit hellen Zimbeln. Lobet Ihn mit
den wohlklingenden Zimbeln.
Alles, was Odem hat, lobe den Herrn.
Halleluja –

Es war der 150. Psalm, und die Musik war von Johann Sebastian Bach. Der Dechant aber wußte nicht, was es war. Durch sein einfältiges Gemüt ging für einen Herzschlag der Gedanke, daß er vielleicht gestorben sei – an der Orgel gestorben – und daß ihn der Himmel mit einem Engelschor empfange. Denn von Menschen – von Kindern – hatte er niemals Ähnliches gehört. Dann jedoch merkte er, daß er noch lebte. Denn eine Seele fühlt nicht den Zwang, sich zu schneuzen. Es war ein kaum widerstehlicher Zwang, er bekämpfte ihn tapfer, bis der letzte Ton verklungen war, obwohl es in seinen Augen biß und brannte, als habe er Zwiebeln geschält. Wie im Traum hatte er sich erhoben und schritt ganz langsam dem Hintergrund des Chores zu, wo jetzt der Franz Haindl und die Clementin in der Mitte seiner Kinder beisammenstanden – und während er zwischen ihnen hindurchging, berührte er mit einer fast segnenden Bewegung seiner beiden Hände ihre und seine Schulter.

»Schön war's«, flüsterte er, und das war alles, was er hervorbrachte. Dann ging er – immer noch wie ein Traumwandelnder – die gewundene Steintreppe hinunter und in die freie Luft hinaus. Ohne recht zu wissen, was er tat, bückte er sich zu einem ganz kleinen flachsköpfigen Kind herab, das vor dem Kircheneingang, wohl auf seine Mutter wartend, mit Steinchen spielte, und küßte es auf die Locken. ...

Als das Ite und der Segen vorbei waren, ertönte vom Chor herab noch einmal – lauter, jauchzender, stärker das zeitliche Lob aller ewigen Schönheit, das Lob des Himmels und der Erde, das Lob der Schöpfung und der Geschöpfe, das große Lob der Musik.

Der Ostertag schwang wie eine blaue Fahne überm Kirchdach. Der Turmhahn blinkte, als wolle er in die Sonne springen. Tausend Lerchen jubelten in der Höhe.

Reinhold Schneider
Musica Sacra

In Himmelsjubel, der das Licht umtönt,
Der Engel, der Erwählten Hochgesang,
Strebt kühn der Erde Klang und Wiederklang
Vom Schmerz der Zeit, vom Untergang umdröhnt.

Glückselig Lied, das sich der Welt entwöhnt
Und mit Gebetes Macht zum Höchsten drang!
In strengen Liedes reinem Überschwang
Ist Sterbliches Unsterblichem versöhnt.

Doch wie der Klang den Unnennbaren preist,
Da schauern auf die Welten, die er schuf,
Es wird die Erde selbst zum heiligen Ort.

Und Kunst tönt Wahrheit und Gesang ist Geist.
Die Himmel brausen durch der Erde Ruf
Und jubeln stürmisch überm Schweigen fort.

Silja Walter
Und ich singe sing

Und ich singe sing
im Gehen
deinen Namen
und der Regenbogen
springt
heraus
und bringt
mich tief zur Ruh

Und ich singe sing
im Knien
deinen Namen
und die Archetaube
schwingt
heraus
und deckt
die Sintflut zu

Erich Fried
Einer singt

Einer singt
aus Angst
gegen Angst

Einer singt
aus Not
gegen Not

Einer singt
aus der Zeit
gegen die Zeit

Einer singt
aus dem Staub
gegen den Staub

Einer singt
von den Namen
die Namen namenlos machen

Angelus Silesius
Wer mit den Engeln singen kann

Wer sich nur einen Blick kann über sich erschwingen,
Der kann das Gloria mit Gottes Engeln singen.

VI.

Singen für die Katz

und weitere Seltsamkeiten

Alle Sänger schlürfen jeden Morgen ein rohes Ei,
damit ihre Stimme geschmeidig bleibt. –
Der Tenor ist immer »strahlend«,
der Bariton »warm« und der Baß »volltönend«.

Gustave Flaubert

Anonymus
Buxtehudes Festgesang

Dietrich Buxtehude übernahm 1668 das Amt des Organisten der Lübecker Marienkirche. Mit seinen geistlichen Vorgesetzten stand er häufig auf Kriegsfuß und spielte ihnen deshalb gern einen Streich. Eines Tages erhielt er den Auftrag, für eine kirchliche Feier den Festgesang zu komponieren, für den ein alttestamentlicher Text ausgewählt war, der mit den Worten begann: »Wir können nichts wider den Herrn.« Buxtehude schrieb den Festcantus und übte ihn mit dem Chor genauestens ein. Der Tag der Feier kam, Stadt und Konsistorium waren versammelt, da dröhnte es vielstimmig, fugiert, in unendlichen Variationen von der Empore: »Wir können nichts – wir können nichts – wir können nichts« – bis es um die Haltung der Gemeinde geschehen war.

Hans Adolf von Eschstruth
Dörfliche Anekdote

Ein Dorf-Cantor, der immer besorgt hatte, die Stimme zu verlieren, lernte deswegen seiner Frau das Vorsingen. Da er das gefürchtete traurige Schicksal auf einmal würklich erlebte, mußte die Frau sich in die Orgel verstecken, um ungesehen seine Stelle zu vertreten. Die Bauren, welche den Cantor den Mund bewegen sahen, glaubten ihn zu hören, und sagten: Er singt auch ohne Stimme gut, aber etwas feiner.

Anonymus
Was ist paradox?

Wenn ein *Sopran*
Bass erstaunt ist,
dass ein *Tenor*
Alt geworden ist.

Heinrich Hansjakob
Ein Wolkenbruch von Tönen

Wenn an hohen Festtagen der hl. Cäcilia eine Hekatombe geschlachtet werden sollte, da kamen der alte Schwarzbeck, der Seiler Hämmerle, der Weber Brucker, der Hafner »hinter der Kirche«, Fidel Haberstroh, und andere mit Geigen, Waldhörnern, Posaunen und Klarinetten und führten ein musiziertes Amt auf, wozu die Gebrüder Kilgus, der Joseph und der Lorenz, zwei Hutmacher, den Gesang gaben. Heilige Cäcilia, was war das für ein Wolkenbruch von Tönen, der sich über das betende Haslach ergoß und besonders über die hochauflauschende Kinderschaar! Wenn der Joseph Kilgus sein Tenor-Solo sang: »Er wohnt in einem Lichte, wohin kein Auge dringt«, oder der Hafner »hinter der Kirche« mit der Posaune unter dem Hochdruck einer Pferdekraft arbeitete, so mußten die Engelein im Himmel die Himmelsfenster aufmachen und staunend herabschauen auf das Kirchendach der Vaterstadt.

Jean Paul
Des Frühpredigers Unglück

Ein Frühprediger, dessen Kehlkopf mehr zur Kanzel-Prosa als zur Altar-Poesie gestimmt war, rückte zu einer Stelle hinauf, die ihn zwang, vor dem Altare das »Gott in der Höhe sei Ehr« zu singen. Er nahm viele Singstunden; endlich nach vierzehn Singtagen schmeichelte er sich, den Vers in der Gewalt und Kehle zu haben. Die halbe Stadt ging früher in die Kirche, um der Anstrengung zuzuhören. Ganz mutig trat er aus der Sakristei (denn er hatte sich darin vom Singmeister noch einmal leise überhören lassen) und stieg gefaßt auf den Altar. Alle Erzähler der Anekdote stimmen überein, daß er trefflich angehoben und sich anständig genug in den Choral hineingesungen hatte: als zu seinem Ruin ein blasender Postillion draußen vor der Kirche vorbeiritt und mit dem Posthorn ins Kirchenlied einfiel; – das Horn hob den Prediger aus dem alten Sing-Geleise in ein neues hinein, und er sah sich gezwungen, das ernste Lied mitten vor dem Altare nach dem vorbeireitenden Trompeterstückchen auf die lustigste Weise hinauszusingen.

Wolfgang Caspar Printz
Was Sänger trinken sollen

Zum Tranck mag der Sänger gebrauchen linden süssen Wein, Meth, und gut reine Bier. Hüten soll er sich vor scharffem und saurem Wein, saurem Bier, und sehr kaltem Wasser. Er soll sich auch niemals volltrincken, noch mit überflüssiger Speise beladen.

Ich habe mich auch folgendes Lungentranckes gebraucht, welcher mir sonderlich zur Verlängerung des Athems sehr vorträglich gewesen:

Süsse Holtz	Brustbeer
Engelsüß	Kleine Rosinen
Hertzblümlein	Grosse Rosinen
Klein Körbel	Leberkraut
Scabiosen	Sanicul
Boragen	Huflattich
Fenchel	Waldmeister
Anis	Lungenkraut, ana zwo Handvoll.

Dieses alles soll Tag und Nacht in 6. Quart reinem Wasser eingeweichet, und dann bis auf die Helffte eingekocht, hernach durch ein rein Tuch gesiegen und ausgepreßt werden. Dieses Wassers Abends und Morgens 1. Quartierchen getrunken, dienet so wohl der Stimme als Lungen und machet einen guten und langen Athem.

Immanuel Kant
Sänger-Kritik

Außerdem hängt der Musik ein gewisser Mangel der Urbanität an, daß sie, vornehmlich nach Beschaffenheit ihrer Instrumente, ihren Einfluß weiter, als man ihn verlangt (auf die Nachbarschaft), ausbreitet und so sich gleichsam aufdrängt, mithin der Freiheit andrer, außer der musikalischen Gesellschaft, Abbruch tut; welches die Künste, die zu den Augen reden, nicht tun, indem man seine Augen nur wegwenden darf, wenn man ihren Eindruck nicht einlassen will. Es ist hiermit fast so, wie mit der Ergötzung durch einen sich weit ausbreitenden Geruch bewandt. Der, welcher sein parfümiertes Schnupftuch aus der Tasche zieht, traktiert alle um und neben sich wider ihren Willen und nötigt sie, wenn sie atmen wollen, zugleich zu genießen; daher es auch aus der Mode gekommen ist.

Diejenigen, welche zu den häuslichen Andachtsübungen auch das Singen geistlicher Lieder empfohlen haben, bedachten nicht, daß sie dem Publikum durch eine solche *lärmende* (eben dadurch gemeiniglich pharisäische) Andacht eine große Beschwerde auflegten, indem sie die Nachbarschaft entweder mit zu singen oder ihr Gedankengeschäft niederzulegen nötigten.

Heinz Erhardt
Singe, wem Gesang gegeben

's ist Nacht. Auf meines Daches Zinnen wandelt
ein graues Säugetier in stolzer Pracht.
Daß es sich hier um einen Kater handelt,
das haben Sie sich ja wohl schon gedacht.
Er singt ein Lied. Er läßt sich das nicht nehmen,
und weder Ringelstern noch Morgennatz
verfaßten es. Er zahlt auch nicht Tantiemen.
Er singt – und was er singt, ist für die Katz!

VII.

Es sind noch Lieder zu singen

Zum Neuen Lied

Sprich mit der Angst

Sprich mit der
Angst und
vergiss nicht die
singenden Männer
im Feuerofen

Hans Davatz

Silja Walter
Jemand muss singen

Jemand muss zu Hause sein,
Herr, wenn du kommst.
Jemand muss dich erwarten,
unten am Fluss vor der Stadt.

Jemand muss nach dir Ausschau
halten,
Tag und Nacht.

Wer weiß denn, wann du kommst?

Jemand muss singen,
Herr, wenn du kommst!
Das ist unser Dienst:
Dich kommen sehen und singen.
Weil du Gott bist.
Weil du die großen Werke tust,
die keiner wirkt als du.
Und weil du herrlich bist
und wunderbar wie keiner.

Komm, Herr!

Hinter unsern Mauern
unten am Fluss
wartet die Stadt
auf dich.

Anonymus
Wer sich die Musik erkiest

Wer sich die Musik erkiest,
Hat ein himmlisch Gut bekommen.
Denn ihr erster Ursprung ist
Von dem Himmel hergenommen.
Müssen in der letzten Zeit
Alle Künste sonst vergehen:
Bleibet in der Ewigkeit
Dennoch die Musik bestehen,
Da die Engel insgemein
Selber Musikanten sein.

Huub Oosterhuis
Die da singen, wer sind sie?

Ich sah eine große Menge
die niemand zählen kann
zusammengerufen
aus allen Völkern und Sprachen.
Sie standen vor dem Thron
dessen der lebt
und um das Lamm.
Sie waren gekleidet
in strahlendes Weiß.
Und sie sangen, mit mächtigen Stimmen,
und riefen:

Gepriesen unser Gott, der Lebendige,
und gepriesen das Lamm.
Ich fragte:
Die da singen,
gekleidet in strahlendes Weiß,
wer sind sie?
Jemand sprach zu mir:
Sie sind es,
die durch die Hölle gegangen sind.
Dann sah ich die Toten
vor dem Thron stehen,
große und kleine.
Das Meer gab seine Toten zurück.
Der Tod und der Abgrund
gaben ihre Toten zurück.

Aus dem Buch der Offenbarung eine Vision des Johannes

*

Glauben an so etwas Kleines und Unersetzliches wie ein Lied. An kleine Lieder, die argloser, liebenswürdiger, wehmütiger und weiser als die meisten Menschen sind.

Singen als Umgangsform: Den Menschen so begegnen, daß sie zu dem zurückgeführt werden, was in ihnen einfach und wesenhaft ist.

Singen-mit-vielen: Die Hemmung und den Zynismus ablegen, ein wenig nackt werden und sich voreinander nicht schämen; alle Stimmen gut genug, kein Mensch zu gering, um mitzumachen.

»Könnte ein Lied euer Herz gewinnen,
müht' ich mich, daß es gerät;
wär mir genug zu dichten und singen
morgens früh bis abends spät.«

Mit kleinen Liedern Menschen füreinander gewinnen.

*

Es waren einmal zwei Menschen. Der eine konnte singen, der andere konnte zuhören. Sang der eine über einen Baum, dann sagte der andere: Ich sehe einen Baum, der blüht in der Wüste, wir ruhen aus im Schatten seiner Zweige. Sang der eine über den anderen, dann sagte der andere: Ich bin du.

Ernst Schwarz

Das Lied der Sterne

Mein ganzes Leben suchte ich das Singen
der Sterne, die uns höchste Wesen sind,
zu hören, hörte Laute – recht gelingen
wollte es nie. Nun hörte ich im Wind

die Bäume rauschen, schlafe ein und träume:
Die Sterne sind ganz nah, ich hör Gesang.
Und wach ich auf, umarme ich die Bäume.
In ihrem Rauschen klingt der Sterne Klang.

Madeleine Delbrêl
Tanzen vor Gott

Ich denke an König David, der vor der Bundeslade tanzte.
Denn ich glaube, du hast von den Leuten genug,
Die ständig davon reden, dir zu dienen –
mit der Miene von Feldwebeln,
Dich zu kennen – mit dem Gehabe von Professoren ...

Eines Tages, als du ein wenig Lust auf etwas anderes hattest,
Hast du den heiligen Franz erfunden
Und aus ihm deinen Gaukler gemacht.
An uns ist es, uns von dir erfinden zu lassen,
Um fröhliche Leute zu sein, die ihr Leben mit dir tanzen.

Um gut tanzen zu können – mit dir oder auch sonst,
Braucht man nicht zu wissen, wohin der Tanz führt.
Man muss ihm nur folgen,
Darauf gestimmt sein,
Schwerelos sein,
Und vor allem: man darf sich nicht versteifen.
Man soll dir keine Erklärungen abverlangen,
Über die Schritte, die du zu tun beliebst,
Sondern ganz mit dir eins sein – und lebendig pulsierend
Einschwingen in den Takt des Orchesters, den du auf uns überträgst.
Man darf nicht um jeden Preis vorwärtskommen wollen.
Manchmal muss man sich drehen oder seitwärts gehen.
Und man muss auch innehalten können
Oder gleiten, anstatt zu marschieren.

Und das alles wären ganz sinnlose Schritte,
Wenn die Musik nicht eine Harmonie daraus machte.

Gib, dass wir unser Dasein leben
Nicht wie ein Schachspiel, bei dem alles berechnet ist,
Nicht wie einen Wettkampf, bei dem alles schwierig ist,
Nicht wie einen Lehrsatz, bei dem wir uns den Kopf zerbrechen,
Sondern wie ein Fest ohne Ende, bei dem man dir immer wieder begegnet,
Wie einen Ball,
Wie einen Tanz,
In den Armen deiner Gnade,
Zu der Musik allumfassender Liebe.

Herr, komm und lade uns ein.

Christa Reich
Singen und Stille

Singen und Stille gehören zusammen.
Singen hat mit Hören zu tun.
Nur wer still ist, kann hören.

Im Bereich des Evangeliums gehören Wort und Musik zusammen.
Das Wort bringt uns verstehbare Botschaft.
Die Musik bringt das Unsagbare zum Klingen.

Im Singen bin ich ganz ich selbst.
Im Singen bin ich ganz mit den anderen.
Im Singen sind die anderen ganz mit mir.
Lieder und Psalmen sind die Sprachschule
des Glaubens.
Sie sprechen eine Sprache, die ich mir nicht
flott aneignen kann.
Sie brauchen Zeit. Sie brauchen Wiederholung.

Nicht immer holt ein Lied mich ab.
Manchmal wartet es auf mich.

Ein Lied erschließt Welt,
es erschließt Himmel und Erde
und geht mit in die Hölle.

Wer nie Zeit hat zum Singen,
dem wird auch nie beim Singen Zeit geschenkt.

»Wissend, dass der Fluss gefroren ist
und doch der Frühling kommt,
sehen, dass verbrannt die Erde ist,
und dennoch singend säen.« (Jacques Brel)

Heinrich Seuse

In dulci jubilo

Da geschah es am Vorabend zum Engelsfeste, daß er (Seuse) in einer Erscheinung den Gesang der Engel und lieblichen himmlischen Klang vernahm. Davon ward ihm so wohl zumute, daß er alle Schmerzen darüber vergaß; ein Engel aber sagte: »So wie du gern von uns das Lied der Ewigkeit vernimmst, so wir gern von dir den Gesang der ewigen Weisheit.« Und fuhr also fort: »Das ist die Weise, welche die Auserwählten am Jüngsten Tage voll Freude singen werden, nun sie gewiß sind, daß sie immerwährender, ewiger Freude teilhaftig sein werden.«

Er hatte darauf am Festtage der Engel selbst viele Stunden mit der gleichen Betrachtung ihrer (himmlischen) Freuden verbracht; vor Tagesanbruch trat ein Jüngling zu ihm, der sich wie ein himmlischer, gottgesandter Spielmann verhielt; mit ihm kamen, ich weiß nicht wie viele, stattliche junge Leute, die sich ganz wie der erste benahmen, außer daß jener den anderen ein gewisses Ansehen voraushatte, als ob er ein Engelsfürst sei. Der kam ganz wohlgesinnt auf ihn zu und bedeutete ihm, sie seien von Gott zu ihm gesandt, um ihm in seinem Leid Freude zu bereiten; er solle, sagte er, seiner Leiden vergessen, sich zu ihnen gesellen und an ihrem himmlischen Reigen teilnehmen. Sie zogen den Diener bei der Hand zum Tanze, und der Jüngling fing an, ein frohes Lied zu singen von Jesus, dem Kindlein, das mit den Worten beginnt: »In dulci jubilo ...« Als der Diener den geliebten Namen Jesu so lieblich erklingen hörte, da ward ihm so recht wohl um Herz und Sinn, daß ihm war, er habe nie zu leiden gehabt. Er sah voll Freude, wie sie den Reigen kühn und freudvoll sprangen. Der Vorsänger wußte alles gut einzurichten: Er sang vor und die übrigen nach; und sie sangen und tanzten mit freudig bewegtem Herzen. Der Jüngling wiederholte den Kehrreim wohl dreimal: »Ergo merito …« Dies Tanzen war nicht von dieser Welt: Es war wie ein himmlisches Ausströmen und ein Rückfluß in den unbekannten Abgrund göttlicher Verborgenheit. Solches und ähnlichen Trostes empfing er gar vielen in diesen Jahren, und das zumeist dann, wenn großes Leiden ihn bedrängte; und das ward ihm auf diese Weise erleichtert.

Johannes Schmidlin
Mit Herz und Mund

Ich will, o Gott! dein Lob mit Herze,
Mund und Saiten,
So lang ich leb allhier, nach schwacher
Krafft ausbreiten;
Und meine Andacht soll nur dir geheiligt
seyn,
Bis zu mich einsten führst zur Himmels=
Music eyn;
Dann will ich dir, mein Heil! manch Hal=
leluja singen,
Und ein verklärtes Lied vor deinen Throne
bringen.

Hildegard von Bingen
Auf der zehnsaitigen Harfe

Damit die Menschen zum Gotteslob angeregt würden, verfaßten die Propheten nicht nur Psalmen und Lieder, um die Andacht der Zuhörer zu entflammen, sondern sie erfanden auch verschiedene Musikinstrumente zu klangvoller Begleitung ... In Nachahmung dieser Propheten haben eifrige und weise Männer durch ihre Kunstfertigkeit vielerlei Musikinstrumente erfunden, um in Herzensfreude singen zu können ... Auf Gottes Eingebung hin begann der Mensch zu singen und sah sich eingeladen, an die lieblichen Gesänge des himmlischen Vaterlandes zu denken ...

Das Singen in der Kirche als Widerhall der himmlischen Harmonie hat seine Wurzeln vom Heiligen Geist. Darum muß der Leib seine Stimme im Einklang mit der Seele zum Gotteslob erheben. So befiehlt der Geist des Propheten: Gott soll mit schallenden Zimbeln gelobt werden, mit Zimbeln hellen Jubels und mit den übrigen Musikinstrumenten, die kluge und fleißige Leute hergestellt haben. Denn alle Künste, die dem Nutzen und der Notwendigkeit der Menschen dienen, sind von dem Hauch ersonnen, den Gott in den Leib des Menschen gesandt hat. Und darum ist es gerecht, daß Gott in allem gelobt werde.

Beim Hören eines Liedes pflegt der Mensch manchmal tief zu atmen und zu seufzen. Das erinnert den Propheten daran, daß die Seele der himmlischen Harmonie entstammt. Im Gedanken daran wird er sich bewußt, daß die Seele selbst etwas von dieser Musik in sich hat und fordert sie im Psalm auf: Lobet den Herrn mit Zitherspiel und psalliert Ihm mit der zehnsaitigen Harfe.

Fritz Usinger
Titanic

Näher, mein Gott, zu Dir –
Sangen die Sinkenden,
Im Eisschmelz Ertrinkenden, –
Solange bis ihr

Mund im zerdonnerten Wir
Unterging.
Sing immer, sing:
»Näher, mein Gott, zu Dir!«

Christine Busta
Das Singen hat aufgehört

Das Singen hat aufgehört.
Einzelne Worte fallen –
Sternfunken.

Irgendwo
trifft es auf,
dunkel und erzverdichtet.

Spur,
von Versinkenden geschlagen
in den wandernden Sand.

Augustinus
Vom Jubel

Wer jauchzt, spricht keine Worte aus, sondern es wird Freude laut ohne Worte: Der Gesang ist die Freudenäußerung eines heiteren Gemüts, das, so gut es kann, darin seine Hochstimmung zum Ausdruck bringt, aber sich verstandesmäßig darüber keine Rechenschaft ablegt. Ein Mensch, der sich jubelnd freut, geht von Worten, die man aussprechen und verstehen kann, zu einer jauchzenden wortlosen Lautäußerung über. Es hat so den Anschein, er freue sich zwar in seiner Stimmäußerung, er sei jedoch der Freude so übervoll, daß er mit Worten den Grund seiner Freude gar nicht erklären kann. Bei welcher Gelegenheit jubeln wir also? Wenn wir loben, was sich nicht in Worte fassen läßt.

*

Jubel ist eine Lautäußerung, die anzeigt, daß das Herz etwas von sich gibt, was es in Worten nicht aussagen kann. Und wem gegenüber ist solch ein Jubel angebracht, wenn nicht gegenüber dem unaussprechlichen Gott? Unaussprechlich ist, über Den man nichts auszusagen vermag. Und wenn du über Ihn nicht sprechen kannst, aber auch nicht schweigen darfst, was bleibt da übrig als zu jubeln? So freut sich das Herz wortlos, und die unmeßbare Weite der Freude findet ihren Grenze nicht an Silben.

Nikolaus Harnoncourt
Der Mensch mit Hammer und Geige

Ich sehe den Menschen, dem Gott in die eine Hand einen Hammer, in die andere eine Geige gelegt hat. Er lebt sehr glücklich, er sieht: mit dem Hammer kann er seine materiellen Bedürfnisse befriedigen, und er fühlt, daß ihm die Geige eine Welt jenseits der Sprache, jenseits der Logik erschließt, eine Welt, wohin er mit dem Hammer nicht kommen kann – die Geige erst macht ihn zum Menschen. Es gibt aber einen Teufel, der heißt Materialismus, der haßt die Geige; leicht läßt sich der Mensch verführen, der Hammer baut ihm Bequemlichkeit, Luxus, Ordnungssysteme. Er verlernt zu spielen und zu geigen, er vergißt das Gottesgeschenk der Kunst ... und am Ende sitzt er zwischen seinen Computern, weiß, wie es auf dem Mars und im Innern eines Atoms aussieht – aber er ist kein Mensch mehr, ohne Geige.

Dietrich Bonhoeffer
Predigt zum Neuen Lied

Singet dem Herrn ein *neues* Lied. Auf diesem Wort *neu* liegt der Ton. Was ist dies neue Lied anders als das Lied, das den Menschen neu macht, das Lied, das aus dem Menschen nach Dunkelheit und Sorge und Angst hervorbricht zu neuer Hoffnung, neuem Glauben, neuem Vertrauen? Das neue Lied ist das Lied, das Gott selbst neu in uns erweckt – und ob es uraltes Lied wäre – der Gott, der – wie es bei Hiob heißt – »sich Lobgesänge schafft mitten in der Nacht« (Hiob 35, 10). Der Lobgesang in der Nacht unseres Lebens, unseres Leidens und unserer Furcht, in der Nacht unseres Todes – das ist das neue Lied.

Das Lied, das den Leichtgesinnten zur Einkehr ruft, den Sünder zur Umkehr, den Heimatlosen zur Heimkehr, den Verstockten zum Weinen und den Weinenden zur Freude, das Lied, das den Säugling in der Taufe zu Gott ruft, das den Jungen und das Mädchen in der Konfirmation zum Bekenntnis ruft, das Eheleute zum Gehorsam und zur Treue aufruft, das über dem Totenbett und dem offenen Grab die Hoffnung der Auferstehung verkündigt – das ist das neue Lied von Christus, dem Herrn und Erlöser.

Singet dem Herrn ein neues Lied – und doch sind all unsere Lieder nur ein Abglanz von dem Lied der Lieder, das die Ewigkeit singt, vor dem Thron Jesu Christi, oder wie die Bilder der Bibel reden von dem Heilig und dem Halleluja, das die Engel im Himmel und die Heiligen alle Gott, dem Vater, dem Sohn und Heiligen Geist zujauchzen. Die christliche Hoffnung aller Zeiten hat diese Ewigkeit Gottes nicht anders sich vorstellen können als erfüllt von dem Meer der Töne, der Harfen und der Gesänge. Bilder sind Bilder – und haben doch ihr Recht. Warum sollen wir uns nicht schon hier freuen auf das neue Lied, das uns umfangen wird, wenn wir die Augen zu tun, das reinste, das süßeste, das härteste und das gewaltigste aller Lieder. Singet dem Herrn ein neues Lied – ja, Herr, wir kommen mit Liedern auf den Lippen, laß dein Lied stark werden, wenn unsere Lieder verstummen, laß die Engel spielen, wenn unsere Hände niedersinken, laß über unserem Totenbett dein Lied, das kein Sterblicher hören kann, laut erklingen. Herr, wir eilen zu deinem neuen Lied.

Jesu juva – Jesus hilf. Amen.

Stefan Zweig

Georg Friedrich Händel komponiert den »Messias«

Ein Brief lag zuoberst, ein Brief von Jennens, dem Dichter, der ihm den Text zu »Saul« und »Israel in Ägypten« geschrieben. Er sende ihm, schrieb er, eine neue Dichtung und hoffe, der hohe Genius der Musik, *phoenix musicae,* werde sich gnädigst seiner armen Worte erbarmen und sie auf seinen Flügeln dahintragen durch den Äther der Unsterblichkeit.

Händel fuhr auf, wie von etwas Widrigem berührt. Wollte dieser Jennens ihn noch höhnen, ihn, den Abgestorbenen, den Erlahmten? Mit einem Riß zerfetzte er den Brief, warf ihn zerknüllt zu Boden und stapfte darauf. »Schuft! Schurke!« brüllte er; in seine tiefste, brennendste Wunde hatte dieser Ungeschickte gestoßen und sie aufgerissen bis zur Galle, bis in die bitterste Bitternis seiner Seele. Zornig blies er dann das Licht aus, tappte verworren in sein Schlafgemach und warf sich hin auf die Lagerstatt: Tränen brachen ihm plötzlich aus den Augen, und der ganze Leib zitterte in der Wut seiner Ohnmacht. (...)

Aber er konnte nicht schlafen. Eine Unruhe war in ihm, aufgewühlt vom Zorn wie das Meer vom Sturm, eine böse und geheimnisvolle Unruhe. Er warf sich von der Linken zur Rechten und von der Rechten wieder zur Linken und ward immer wacher und wacher. Ob er nicht doch aufstehen sollte und die Textworte prüfen? Aber nein, was vermöchte noch das Wort über ihn, den Erstorbenen! Nein, es gab keinen Trost mehr für ihn, den Gott in die Tiefe fallen gelassen, den er abgeschieden vom heiligen Strome des Lebens! Und doch, immer pochte noch eine Kraft in ihm, geheimnisvoll neugierig, die ihn drängte, und seine Ohnmacht konnte ihr nicht wehren. Händel stand auf, ging in das Zimmer zurück und schlug nochmals das Licht an mit vor Erregung zitternden Händen. Hatte ihn nicht schon einmal ein Wunder aufgehoben aus der Lähmung des Leibes? Vielleicht wußte Gott auch der Seele Heilkraft und Trost. Händel schob die Leuchte heran an die beschriebenen Blätter. »The Messiah!« stand auf der ersten Seite. Ach, wieder ein Oratorio! Die letzten hatten versagt. Aber unruhig, wie er war, schlug er das Titelblatt um und begann.

Beim ersten Wort fuhr er auf. »Comfort ye«, so begann der geschriebene Text. »Sei getrost!« – wie ein Zauber war es, dieses Wort – nein, nicht Wort: Antwort war es, göttlich gegeben, Engelsruf aus verhangenen Himmeln in sein verzagendes Herz. »Comfort ye« – wie dies klang, wie es aufrüttelte innen die verschüchterte Seele, schaffendes, erschaffendes Wort. Und schon, kaum gelesen, kaum durchfühlt, hörte Händel es als Musik, in Tönen schwebend, rufend, rauschend, singend. O Glück, die Pforten waren aufgetan, er fühlte, er hörte wieder in Musik! (...)

Und plötzlich erschauerte er, denn da stand, von des armen Jennens Hand geschrieben: »The Lord gave the word.«

Der Atem stockte ihm. Hier war Wahrheit gesagt durch einen zufälligen Menschenmund: der Herr hatte ihm das Wort gesandt, von oben war es an ihn ergangen. »The Lord gave the word«: von ihm kam das Wort, von ihm kam der Klang, von ihm die Gnade! Zu ihm zurück muß es gehen, zu ihm aufgehoben werden von der Flut des Herzens, ihm lobzusingen war jedes Schaffenden Lust und Pflicht. Oh, es fassen und halten und heben und schwingen, das Wort, es dehnen und spannen, daß es weit werde wie die Welt, daß es allen Jubel des Daseins umfasse, daß es groß werde wie Gott, der es gegeben, oh, das Wort, das sterbliche und vergängliche, durch Schönheit und unendliche Inbrunst zurückverwandeln in Ewigkeit! Und siehe: da war es ja hingeschrieben, da klang es, das Wort, unendlich wiederholbar, verwandelbar, da war es: »Halleluja! Halleluja! Halleluja!« Ja, alle Stimmen dieser Erde darin zusammenfassen, die hellen und die dunklen, die beharrende des Mannes, die nachgiebige der Frau, sie füllen und steigern und wandeln, sie binden und lösen im rhythmischen Chore, sie aufsteigen lassen und niedersteigen die Jakobsleiter der Töne, sie schwichtigen mit dem süßen Strich der Geigen, sie anfeuern mit dem scharfen Stoß der Fanfaren, sie brausen lassen im Donner der Orgel: Halleluja! Halleluja! Halleluja! – aus diesem Wort, aus diesem Dank einen Jubel schaffen, der von dieser Erde zurückdröhnte bis zum Schöpfer des Alls!

Anonymus
In paradisum

Zum Paradies mögen Engel dich geleiten,
die heiligen Märtyrer dich begrüßen
und dich führen in die heilige Stadt Jerusalem.

Die Chöre der Engel mögen dich empfangen,
und mit Lazarus, dem einst so armen,
soll ewige Ruhe dich erfreuen.

Wolfgang Dietrich
Leuchtende Augenblicke

»Aus der Freude kommen alle Geschöpfe. Durch die Freude leben alle Geschöpfe. In der Freude gehen alle Geschöpfe.« So klingt es auf in einer der Schöpfung freundlichen uralten Tradition. Und wie ein Widerklang tönt es im Psalm: »Es freue sich Israel seines Schöpfers« (Ps 149,2a). – Es freue sich die Menschheit ihres Schöpfers. Die ganze Schöpfung und jedes Geschöpf freue sich ihres Schöpfers.

Freude leuchtet. Sie kümmert sich nicht, ob man sie achtet oder beachtet. Sie ist erfüllt in sich selbst. Sie ist reine Heiterkeit. Zugleich teilt Freude sich mit. Wenn ein Wesen sich freut, lebt sein Umkreis im Abglanz der Freude. Sagt nicht, Tiere könnten sich nicht freuen! – Unwirklich mutet die Freude an. Und doch wird sie immer wieder Wirklichkeit. Nirgends kommt der Mensch so intensiv zu sich selbst wie in der Freude. Nirgends gewinnt Freude einen so starken Klang wie in der Anrufung des Schöpfers, der die ganze Fülle erschaffen hat. Nirgends feiert Freude ein solches Fest wie nach dem schmerzvollen Vorgang der Geburt, in der sich die Schöpfung wiederholt. »Es freue sich Israel seines Schöpfers« und mit ihm seine erschaffene Welt.

Und ein Grundton des Jubels bleibe ihr erhalten. Selbst die Adern sollen spüren, dass Freude die Kraft allen Strömens ist und die Lebensbahnen durchspült. Denn »die Seele nährt sich von dem, worüber sie sich freut« (Augustinus).

Philipp Nicolai

Ein geistlich Braut=Lied

Wie schön leuchtet der Morgenstern,
Voll Gnad und Wahrheit von dem HERRN,
Die süße Wurzel Jesse;
Du Sohn Davids, aus Jakobs Stamm,
Mein König und mein Bräutigam,
Hast mir mein Herz besessen.
Lieblich,
Freundlich,
Schön und herrlich,
Groß und ehrlich,
Reich an Gaben;
Hoch und sehr prächtig erhaben.

*

Zwingt die Saiten in Cithara,
Und laßt die süße Musica,
Ganz freudenreich erschallen:
Daß ich möge mit Jesulein,
Dem wunderschönen Bräutgam mein
In steter Liebe wallen.
Singet,
Springet,
Jubilieret,
Triumphieret,
Dankt dem HERREN
Groß ist der König der Ehren.

Wie bin ich doch so herzlich froh,
Daß mein Schatz ist das A und O,
Der Anfang und das Ende:
Er wird mich doch zu seinem Preis
Aufnehmen in das Paradeis,
Des klopf ich in die Hände.
Amen,
Amen,
Komm du schöne
Freuden=Krone,
Bleib nicht lange.
Deiner wart ich mit Verlangen.

Paul Celan
Fadensonnen

Fadensonnen
über der grauschwarzen Ödnis.
Ein baum-
hoher Gedanke
greift sich den Lichtton: es sind
noch Lieder zu singen jenseits
der Menschen.

Quellen

I. Singen ist Herzenssache

Ein vielstimmiges Plädoyer

Marie von Ebner-Eschenbach (1830–1916): Werke, Bd. 11: Parabeln und Märchen, Gedichte u. a. Verlage H. Fikentscher und H. Schmidt & C. Günther, Leipzig o. J., S. 65.

Georg Philipp Telemann (1681–1767): Autobiographischer Bericht für J. Mattheson (1718). Zit. nach: G. Ph. Telemann. Singen ist das Fundament zur Music in allen Dingen. Eine Dokumentensammlung. Heinrichshofen's Verlag, Wilhelmshaven 1981 (TB zur Musikwissenschaft, Bd. 80), S. 17.

Johann Friedrich Agricola (1720–1774): Anleitung zur Singkunst (1757). Reprint mit neu gesetzten, modern geschlüsselten Notenbeispielen. Hrsg. und kommentiert von Thomas Seedorf. Bärenreiter Verlag, Kassel u. a. 2002, S. 220f.

Eva Strittmatter (geb. 1930): Mondschnee liegt auf den Wiesen. Gedichte. © Aufbau Verlag, Berlin und Weimar 1975.

Robert Schumann (1810–1856): Musikalische Haus- und Lebensregeln. In: Ders.: Gesammelte Schriften über Musik und Musiker. Hrsg. von Martin Kreisig. Verlag Breitkopf&Härtel, Leipzig ^{5}1914, Bd. II, S. 167.

Markus Eham (geb. 1958): Aus einem Grußwort zum 125-jährigen Jubiläum des Diözesan-Cäcilien-Verbandes der Erzdiözese Freiburg, vorgetragen am 12. Oktober 2003 im Freiburger Münster. © beim Autor.

Barthold Heinrich Brockes (1680–1747): Der Garten. In: Ders.: Auszug der vornehmsten Gedichte aus dem Irdischen Vergnügen in Gott. Faksimiledruck nach der Ausgabe von 1738. Mit einem Nachwort von Dieter Bode. J. B. Metzlersche Verlagsbuchhandlung und Carl Ernst Poeschel Verlag GmbH, Stuttgart 1965, S. 92f.

Arvo Pärt (geb. 1935): Verschiedene Texte.
© Archiv Arvo Pärt.

Friedrich Rückert (1788–1866) : Gesammelte Poetische Werke in 12 Bänden. Band 7, I. D. Sauerländer's Verlag, Frankfurt am Main 1868, S. 122.

Rolf Schweizer (geb. 1936): Zwischen Ritual und Aufbruch. Zur therapeutischen Dimension der Kirchenmusik. In: Peter Bubmann (Hrsg.): Menschenfreundliche Musik. Politische, therapeutische und religiöse Aspekte des Musikerlebens. Chr. Kaiser / Gütersloher Verlagshaus, Gütersloh 1993, S. 148-150. © beim Autor.

Hanns Dieter Hüsch (geb. 1925) und Michael Blum: Das kleine Buch zum Segen. © tvd-Verlag, Düsseldorf 1998, S. 7f., 2004/8.

Martin Rößler (geb. 1934): Gesangbuch-Predigt mit Psalmen, Lobgesängen und geistlichen Liedern singt Gott dankbar in euren Herzen (Kol 3,16). In: Helmut Völkl (Hrsg.): Kirchenmusik als Erbe und Auftrag. Festschrift zum 50-jährigen Bestehen der Hochschule für Kirchenmusik Esslingen der Evangelischen Landeskirche in Württemberg. © Carus-Verlag, Stuttgart 1995, S. 24f.

Arnim Juhre (geb. 1925): Die Ungeborenen schlagen Alarm. Gedichte, Psalmen, Lieder. © Strube Verlag, München-Berlin 2003.

Hermann Claudius (1878–1980): Zit. nach Friedrich Zipp: Vom Urklang zur Weltharmonie. Werden und Wirken der Idee der Sphärenmusik. Verlag Merseburger Berlin GmbH, Kassel 1985, S. 107.

Christine Busta (1915–1987): Wenn du das Wappen der Liebe malst. Gedichte. © Otto Müller Verlag, Salzburg [3]1995.

Huub Oosterhuis (geb. 1933): Du bist der Atem und die Glut. Gesammelte Meditationen und Gebete. © Verlag Herder, Freiburg i. Br. 1994, S. 319f.

II. Mehr als Worte sagt ein Lied

Von alten und neuen Psalmen

Kurt Marti (geb. 1921): Der Traum, geboren zu sein. Ausgewählte Gedichte. © Nagel&Kimche im Carl Hanser Verlag, München – Wien 2003.

Martin Buber (1878–1965): Die Erzählungen der Chassidim. © Manesse Verlag, Zürich 1949, S. 145.

Erich Zenger (geb. 1939): »Alles, was Odem hat, lobpreise Jah!« (Ps 150,6). In: Stefan Klöckner, Matthias Kreuels und Günther Massenkeil (Hrsg.): Brückenschlag. Wolfgang Bretschneider zum 60. Geburtstag. © ConBrio Verlagsgesellschaft, Regensburg 2001, S. 133–135.

Wunibald Müller (geb. 1950): Dein Lied erklingt in mir. Der göttliche Funken von Taizé. © Echter Verlag, Würzburg 2003.

Rainer Maria Rilke (1875–1926): Briefe an seinen Verleger (Anton Kippenberg) 1906 bis 1926. Neue erweiterte Ausgabe. Zweiter Band. Insel-Verlag, Frankfurt am Main 1949, S. 289.

Pierre Stutz (geb. 1953): Du hast mir Raum geschaffen. © Verlag Herder, Freiburg im Breisgau, 1. Auflage 2003.

Ernesto Cardenal (geb. 1925): Zerschneide den Stacheldraht. © Peter Hammer Verlag (Jugenddeinst-Verlag), Wuppertal 1968.

Mahalia Jackson (1911–1972): Mein Leben. Theologischer Verlag, Zürich ^{3}1982.

Kurt Marti (geb. 1921): Namenszug mit Mond. Gedichte. Werke Band 5. © Nagel&Kimche im Carl Hanser Verlag, München – Wien 1996.

Jürgen Rennert (geb. 1943): © beim Autor.

Dorothee Sölle (1929–2003): Mystik und Widerstand. »Du stilles Geschrei«. © Verlag Hoffmann und Campe, Hamburg 1997, S. 231.

Ignaz Heinrich von Wessenberg (1774–1860): Sämmtliche Dichtungen. Verlag Cotta. Stuttgart und Tübingen 1834. Bd. 4, S. 312.

III. Singen im Chor

Szenen aus dem Alltag

Picander (Christian Friedrich Henrici; 1700–1764): Ariendichtung zur Bach-Kantate »Schwingt freudig euch empor« (BWV 36). Zit. nach Alfred Dürr: J. S. Bach. Die Kantaten. Bärenreiter Verlag, Kassel u. a. ^{8}2000, S. 108.

Fernand Maillet (1896–1963): Zit. nach dem Jahreskalender 2004 des Deutschen Chorverbands der Pueri Cantores. Freiburg 2004 (Kalenderblatt März).

Johann Mattheson (1681–1764): Grundlage einer Ehren=Pforte (1740). NA, hrsg. von Max Schneider. Berlin 1910 (Reprint der NA: Bärenreiter Verlag, Kassel u. a. 1969), S. XXXIII.

Regine Hildebrandt (1941–2001): Vielfalt der Begegnungen. Von Anna Magdalena bis zu den verschwiegenen Töchtern. In: Friedemann Kluge (Hrsg.): Begegnungen mit Bach. Eine Anthologie zugunsten der Berliner Bach-Autographe. Verlage Bärenreiter und Metzler, Kassel u. a. 2002, S. 51f.

Matthias Claudius (1740–1815): Sämtliche Werke. Winkler Verlag, München ^{6}1987, S. 343f.

Lothar Zenetti (geb. 1926): © beim Autor.

Martin Luther (1483–1546): Vorrede auf alle guten Gesangbücher. In: Weimarer Ausgabe. Verlag Hermann Böhlaus Nachfolger, Weimar 1937. Bd. 35, S. 483f.

Georg Christoph Biller (geb. 1952): Originalbeitrag.
© beim Autor.

Johann Saubert (1592–1646): Suavissimo Musica Christo (1629). Zit. nach: Renate Steiger: GNADENGEGENWART. Johann Sebastian Bach im Kontext lutherischer Orthodoxie und Frömmigkeit. Verlag, frommann-holzboog, Stuttgart-Bad Cannstatt 2002 (Doctrina et pietas II, 2), S. 120f.

Karl Kardinal Lehmann (geb. 1936): Aus einer Predigt zum 50-jährigen Jubiläum des Deutschen Chorverbandes Pueri Cantores am 20. Mai 2001 in Mainz. © beim Autor.

Karl May (1842–1912): »Ich«. Karl Mays Leben und Werk. Gesammelte Werke Band 34. Karl-May-Verlag, Bamberg-Radebeul [41]2002, S. 71 und 86f.

Paul Claudel (1886–1955): Werke in 6 Bänden. Hrsg. von Edwin Maria Landau. © Carl Hanser Verlag, München – Wien 1995.

Lukas Spinner: »Nun darf getrost ich gehen«. Mit freundlicher Genehmigung des Autors.

IV. Singt dem Herren, alle Stimmen!

Große Werke der Chormusik

Gottfried van Swieten (1733–1803): Schlusschor aus Joseph Haydns »Schöpfung«. Zit. nach Georg Feder: Joseph Haydn. Die Schöpfung. Bärenreiter Verlag, Kassel u.a. 1999, S. 235.

Simone Weil (1909–1943: Cahiers. Aufzeichnungen. Band 1. Hrsg. und aus dem Französischen von Elisabeth Edl und Wolfgang Matz. © Carl Hanser Verlag, München – Wien 1993.

Johann Wolfgang von Goethe (1749–1832): Sämtliche Werke. Briefe, Tagebücher und Gespräche. I. Abteilung, Bd. 13: Sprüche in Prosa. Sämtliche Maximen und Reflexionen. Hrsg. von Harald Fricke. Deutscher Klassiker Verlag, Frankfurt am Main 1993, S. 22.

Ernst Theodor Amadeus Hoffmann (1776–1822): Alte und neue Kirchenmusik. In: Ders.: Sämtliche Werke, Bd. 4: Die Serapions-Brüder. Hrsg. von Wulf Segebrecht unter Mitarbeit von Ursula Segebrecht. Deutscher Klassiker Verlag, Frankfurt am Main 2001, S. 496–498.

Germaine de Staël (1766–1817): Corinna oder Italien. In der Übersetzung von Dorothea Schlegel. Winkler Verlag, München o. J. , S. 222–224.

Dietrich Bonhoeffer (1906-1945): Kondolenzbrief an die Witwe des Komponisten Hugo Distler. In: Ders.: Werke, Bd. 16: Konspiration und Haft 1940–1945. © Chr. Kaiser/Gütersloher Verlagshaus GmbH, Gütersloh.

Albert Schweitzer (1875-1965): Einführung in die Johannespassion von J. S. Bach (1902). In: Programmheft zum Konzert des Chores zu St. Wilhelm, Strasbourg, 27. und 28. März 1902.

Dorothee Sölle (1929–2003): Loben ohne Lügen. © Wolfgang Fietkau Verlag, Kleinmachnow.

Edith Stein (1891–1942): Aus dem Leben einer jüdischen Familie und weitere autobiographische Beiträge. (GW, Bd. 1). Neu bearbeitet und eingeleitet von Maria Amata Neyer OCD. © Verlag Herder, Freiburg i. Br. 2002, S. 168f.

Stephan Hermlin (1915–1997): Abendlicht. © Verlag Klaus Wagenbach, Berlin 1979, NA 1987.

Karl Barth (1886–1968): Wolfgang Amadeus Mozart 1756/1956. © TVZ Theologischer Verlag Zürich 1956, [14]2002, S. 9–13.

Christoph Martin Wieland (1733-1813): Zit. nach Georg Feder: Joseph Haydn. Die Schöpfung. Bärenreiter Verlag, Kassel u. a. 1999, S. 181f.

Julien Green (1900–1998): Tagebücher 1972–1981. Mit einem Vorwort von Werner Ross. Aus dem Französischen von Annette Lallemand, Eva Moldenhauer und Josef Winiger. © Paul List Verlag in der Ullstein Buchverlage GmbH, Berlin 1994, S. 124f.

Albrecht Goes (1908–2000): Beitrag zu einem Programmheft. Chor St. Michaelis, Hamburg.

Dietrich Fischer-Dieskau (geb. 1925): Die Welt des Gesangs. © J. B. Metzlersche Verlagsbuchhandlung und Carl Ernst Poescher Verlag GmbH, Stuttgart 1999, S. 93f.

Schalom Ben-Chorin (1913–1999): Ich lege meine Hand auf meinen Mund. Meditation zum »Deutschen Requiem« von Johannes Brahms (Fernsehsendung in Radio DRS). TVZ Theologischer Verlag Zürich, 1992.

Helmuth Rilling (geb. 1933): Gedanken zur Musik (mit 2 CDs, vollständiger Diskographie und einem Vortrag von Martin Petzoldt). © Internationale Bachakademie Stuttgart, 1998, S. 97.

Olivier Messiaen (1908–1992): Aus einem Vortrag vom 4. Dezember 1977 (Conférence de Notre-Dame). In: Internationale katholische Zeitschrift »Communio«. 7. Jg., 1978, S. 523.

V. Auf Flügeln des Gesanges

Singen in der Literatur

Anonymus: Zit. nach dem Chorbuch Ars Musica, Bd. IV. Hrsg. von Gottfried Wolters. Möseler Verlag, Wolfenbüttel und Zürich, S. 207.

Ingeborg Bachmann (1926–1973): Gesammelte Werke Band 4: Essays, Reden, Vermischte Schriften, Anhang. © Piper Verlag GmbH, München 1978, S. 50.

Wilhelm Müller (1794–1827): Die Winterreise und andere Gedichte. Hrsg. von Hans-Rüdiger Schwab. Mit einem Vorwort zu den Schubert-Vertonungen von Christian Elsner. Insel Verlag, Frankfurt a. M. 1994, S. 158.

Arnold Stadler (geb. 1954): Ein hinreißender Schrotthändler. Roman. DuMont Buchverlag, Köln 1999. © beim Autor.

Carl Zuckmayer (1896–1977): Gedichte. © S. Fischer Verlag GmbH, Frankfurt am Main 1977.

James Joyce (1882-1941): Ulysses. Übersetzt von Hans Wollschläger. © Suhrkamp Verlag, Frankfurt am Main 1981 (Überschrift vom Hrsg.).

Hermann Hesse (1877–1962): Sämtliche Werke, Band 10: Die Gedichte. © Suhrkamp Verlag, Frankfurt am Main 2002.

Angelus Silesius (1624–1677): Cherubinischer Wandersmann (1675). Zweites Buch, Nr. 72; Drittes Buch, Nr. 159. Zit. nach der Ausgabe von Louise Gnädinger. Manesse Verlag, Zürich 1986, S. 118 und 213.

Carl Zuckmayer (1896–1977): Der Seelenbräu. Erzählung. © Bermann-Fischer Verlag, Stockholm 1945. Alle Rechte vorbehalten S. Fischer GmbH, Frankfurt am Main.

Reinhold Schneider (1903–1958): Gesammelte Werke, Band 5: Lyrik. Auswahl und Nachwort von Christoph Perels. © Insel Verlag, Frankfurt am Main 1981.

Silja Walter (geb. 1919): Die Fähre legt sich hin am Strand. Ein Lesebuch. Hrsg. von Klara Obermüller. © Arche Verlag AG, Zürich – Hamburg 1985, 1999.

Erich Fried (1921–1988): und Vietnam und. Einundvierzig Gedichte. Mit einer Chronik. © Verlag Klaus Wagenbach, Berlin 1966, NA 1996.

VI. Singen für die Katz
und weitere Seltsamkeiten

Gustave Flaubert (1821–1880): Das Wörterbuch der Gemeinplätze. Art. »Sänger«. Piper Verlag, München, S. 113.

Anonymus: »Buxtehudes Festgesang«: Zit. nach: Das Anekdoten-Buch. Hrsg. von Peter Köhler. Verlag Philipp Reclam jun. GmbH, Stuttgart 2001, S. 37.

Hans Adolf Freiherr von Eschstruth (1756–1792): Musikalische Bibliothek (1784/85). Faksimile-Nachdruck. Georg Olms Verlag, Hildesheim und New York 1977, S. 292.

Anonymus: »Was ist paradox?«. Mündlich überliefert.

Heinrich Hansjakob (1837–1916): Aus meiner Jugendzeit. Erinnerungen. Mit einer Einleitung und Anmerkungen von Manfred Hildenbrand. Verlag der Stadt Haslach im Kinzigtal, Haslach ^{16}1986, S. 205.

Jean Paul (1763–1825): Flegeljahre. Eine Biographie. Mit einem Nachwort von Herman Meyer. Insel Verlag, Frankfurt a. M. 1986.

Wolfgang Caspar Printz (1641–1717): Musica-Modulatoria Vocalis. Oder Manierliche und zierliche Sing=Kunst. Verlag Christian Okels, Schweidnitz 1678, S. 18 und 20.

Immanuel Kant (1724–1804): Kritik der Urteilskraft. Felix Meiner Verlag, Hamburg 1974, S. 187 (KdU, B 221f.).

Heinz Erhardt (1909–1979): Das große Heinz Erhardt Buch. Mit Illustrationen von Dieter Harzig. © Lappan Verlag, Oldenburg 2001.

VII. Es sind noch Lieder zu singen
Zum Neuen Lied

Hans Davatz (1927–1991), Die Seele des Zwischenraums, © Pendo-Verlag GmbH, Zürich 1996, S. 34.

Silja Walter (geb. 1919): Das Kloster am Rande der Stadt. Der Tag der Benediktinischen Nonne. © Verlag Die Arche AG, Zürich 1971, S. 82f. (Auszug).

Anonymus (Martin Luther zugeschrieben): Zit. nach Christian Friedrich Hunold (gen. Menantes; 1681–1721): Die allerneueste Art, zur reinen und galanten Poesie zu gelangen, 1707, S. 332.

Huub Oosterhuis (geb. 1933): Weiter sehen als wir sind. Meditationstexte,

Gebete, Lieder. © Verlag Herder, Wien 1973, S. 141f.

Ernst Schwarz (gest. 2003): Der alte Mönch. Gedichte zu chinesischen Tuschezeichnungen. Verlag Neues Leben, Berlin 1990, S. 28.

Madeleine Delbrêl (1904–1964): Der Ball des Gehorsams (gekürzt). Aus: Dies.: Gott einen Ort sichern. Texte, Gedichte, Gebete. Hrsg. von Annette Schleinzer. © Schwabenverlag AG, Ostfildern 2002, S. 71–74.

Christa Reich: Festschrift 10 Jahre Haus der Stille. Hrsg. von der Initiative zur Förderung geistlichen Lebens, 35753 Greifenstein, 2003. © bei der Autorin.

Heinrich Seuse (um 1295–1366): Deutsche mystische Schriften. Aus dem Mittelhochdeutschen übertragen und hrsg. von Georg Hofmann. Benziger Verlag, Zürich 1999, S. 50f.

Johannes Schmidlin (1722–1772): »Ein Hundert Geistliche Lieder« aus dem Blumengärtlein Gerhard Tersteegens, Zürich 1764. Rheinland-Verlag GmbH, Köln. In Kommission bei Dr. Rudolf Habelt GmbH, Bonn.

Hildegard von Bingen (1098–1179): Aus einem Brief an die Mainzer Prälaten (1179). In: Dies.: Briefwechsel. Nach den ältesten Handschriften übersetzt und nach den Quellen erläutert von Adelgundis Führkötter OSB. Verlag Otto Müller, Salzburg 1965, S. 239f.

Fritz Usinger (1895–1982): Grund und Abgrund. Gedichte aus den Jahren 1977 und 1978. UHU-Presse, Merzhausen 1979, Lieselotte Heizmann (vergriffen).

Christine Busta (1915–1987): Wenn du das Wappen der Liebe malst. Gedichte. © Otto Müller Verlag, Salzburg [3]1995.

Augustinus (354–430): Auslegung der lat. Psalmen 99 (PL 37, Sp. 1272) und 32 (PL 36, Sp. 283). Zit. nach Winfried Kurzschenkel: Die theologische Bestimmung der Musik. Neuere Beiträge zur Deutung und Wertung des Musizierens im christlichen Leben. Paulinus-Verlag, Trier 1971, S. 128f.

Nikolaus Harnoncourt (geb. 1929): Die Macht der Musik. Zwei Reden. © Residenz Verlag, Salzburg und Wien 1993, S. 31f.

Dietrich Bonhoeffer (1906–1945): Predigt zu Psalm 98,1 (1934). In: Ders.: Werke, Bd. 13: London 1933–1935. © Chr. Kaiser/Gütersloher Verlagshaus GmbH, Gütersloh, S. 355f.

Stefan Zweig (1881–1942): Georg Friedrich Händels Auferstehung (gekürzt). In: Ders.: Sternstunden der Menschheit. Zwölf historische Miniaturen. © Bermann-Fischer Verlag A. B., Stockholm 1943. Alle Rechte vorbehalten S. Fischer Verlag GmbH, Frankfurt am Main.

Anonymus: Antiphon »In paradisum« (aus der Begräbnisliturgie der röm.-kath. Kirche). Zit. nach: Adolf Adam: Te Deum laudamus. Große Gebete der Kirche, lateinisch-deutsch. Verlag Herder, Freiburg i. Br. 1987, S. 201.

Wolfgang Dietrich: Es ist ein Gesang in der Welt. Ein Psalter dieser Tage. Psalm 76–150. © Verlag am Eschbach, Eschbach/Markgräflerland 2000.

Philipp Nicolai (1556–1608): Frewden=Spiegel deß ewigen Lebens. Frankfurt 1599. Reprint Soest 1963. Anhang.

Paul Celan (1920–1970): Atemwende. © Suhrkamp Verlag, Frankfurt am Main 1991.